हर पथ
विजय पथ

हर पथ विजय पथ

(52 सप्ताह में अपार सफलता पाएँ)

नेपोलियन हिल

जूडिथ विलियमसन

प्रभात पेपरबैक्स

www.prabhatbooks.com

प्रकाशक

प्रभात पेपरबैक्स

4/19 आसफ अली रोड, नई दिल्ली-110002

फोन : 23289555 • 23289666 • 23289777 ❖ फैक्स : 23253233

इ-मेल : prabhatbooks@gmail.com ❖ वेब ठिकाना : www.prabhatbooks.com

संस्करण

प्रथम, 2017

अनुवाद

नजमुसशहर

अ.मा.पु.स. 978-93-5266-137-4

HAR PATHA VIJAY PATHA
by Napoleon Hill & Judith Williamson

Published by **PRABHAT PAPERBACKS**
4/19 Asaf Ali Road, New Delhi-110002

ISBN 978-93-5266-137-4

'नेपोलियन हिल : यॅस्टरडे ऐंड टुडे'
इ-जीन के सभी पाठकों व
सहयोगियों
को।

प्राक्कथन

प्रिय पाठकगण,

यह क, ख, ग जितना ही आसान है। बस, उलटी दिशा में पढ़ना है।

नेपोलियन हिल का कहना है, ''जो आपका मस्तिष्क मान ले और आप जिस बात पर विश्वास कर लें, उसे आप पा सकते हैं।'' यह साधारण सा कथन हमें इस बात की याद दिलाता है कि ब्रह्मांड में पाई जानेवाली शक्ति हम सभी में विद्यमान है। हम जिस दिशा में अपने मन को ले जाते हैं, उसी के अनुसार स्वयं के चरम भाग्य का निर्माण करते हैं। साधारण दिखाई देनेवाले सत्य अत्यंत गहरा ज्ञान रखते हैं; किंतु इसका अर्थ यह कदापि नहीं कि सच सामान्य है, इसीलिए आसान है।

डॉ. हिल की सफलता व्यवस्था के विज्ञान से परिचित होने के लिए सर्वप्रथम हमें असंभव में संभव के विचार को स्वीकार करना होगा। अपने मन-मस्तिष्क को इस बात के लिए भी प्रशिक्षित करना होगा। 'असंभव' शब्द में संभव के पहले लगे 'अ' से लोग वस्तुत: इतने भयभीत हो जाते हैं कि खुद के स्वप्नों से ही मुँह मोड़ लेते हैं। वे 'अ' उपसर्ग को अपना भविष्य तय करने देते हैं। हम 'संभव' जैसे मूल शब्द को भुला देते हैं। यदि हम स्वयं को इस बात की सलाह दें कि 'यदि होना है तो मुझे करना है', तो यह सुझाव चुनौती देता हुआ 'असंभव' शब्द को हवा में गायब कर देगा।

किसी भी स्वप्न को साकार बनाने के लिए मनुष्य को यह विश्वास करना

पड़ेगा कि असंभव को पार किया जा सकता है। श्रद्धा उपलब्धि की पहली आवश्यकता है और उस श्रद्धा को अटल बनाए रखना दूसरी आवश्यकता। जब आप श्रद्धा से आगे बढ़ते हैं तो आप भविष्य में कदम रख देते हैं। यह सिद्धांत अत्यंत प्रभावकारी है। यदि मनुष्य उद्देश्य व योजना से अपने कार्य में आगे बढ़े।

यदि हमारा भरोसा उत्तम आकार लेगा तो कार्य का निष्पादन निस्संदेह अच्छा ही होगा। ऐसा करने पर हमारे द्वारा कल्पित स्वप्न की ओर बढ़ना निश्चित है। विश्वास वह अक्सीर है, जो हमारी अपेक्षाओं के अनुरूप ही कार्य करती है। वह ऐसी सुगंध है, जो विश्वास रूपी बोतल खोलने पर चारों तरफ फैलकर वातावरण को सुगंधित कर देती है और हमारे प्रयासों के नतीजों से स्वप्न साकार कर देती है।

आत्मसात् करें! विश्वास करें! पाएँ!

मैं आशा करती हूँ कि 52 निबंधों का मेरा यह संकलन आपको अपने लक्ष्य व स्वप्न की ओर बढ़ने और उन्हें सत्य बनाने में सहायक होगा। स्वप्न तो मनुष्य देखता ही रहता है, किंतु सच वे ही होते हैं, जिनमें वह विश्वास करता है। जब आप सपनों की ताकत में विश्वास रखते हैं, तभी उन्हें पूरा करने की कोशिश भी करते हैं।

ईश्वर करे, आपके सभी स्वप्न पूरे हों।

आपकी हितैषी

—जूडी विलियम्सन

अनुक्रम

प्राक्कथन	7
सप्ताह—1	11
सप्ताह—2	15
सप्ताह—3	19
सप्ताह—4	22
सप्ताह—5	25
सप्ताह—6	28
सप्ताह—7	32
सप्ताह—8	35
सप्ताह—9	38
सप्ताह—10	43
सप्ताह—11	46
सप्ताह—12	49
सप्ताह—13	53
सप्ताह—14	56
सप्ताह—15	59
सप्ताह—16	63
सप्ताह—17	67
सप्ताह—18	70
सप्ताह—19	73
सप्ताह—20	77
सप्ताह—21	80

सप्ताह—22	84
सप्ताह—23	87
सप्ताह—24	91
सप्ताह—25	95
सप्ताह—26	98
सप्ताह—27	101
सप्ताह—28	104
सप्ताह—29	107
सप्ताह—30	110
सप्ताह—31	113
सप्ताह—32	117
सप्ताह—33	121
सप्ताह—34	124
सप्ताह—35	129
सप्ताह—36	132
सप्ताह—37	135
सप्ताह—38	138
सप्ताह—39	142
सप्ताह—40	145
सप्ताह—41	148
सप्ताह—42	151
सप्ताह—43	154
सप्ताह—44	157
सप्ताह—45	160
सप्ताह—46	163
सप्ताह—47	166
सप्ताह—48	169
सप्ताह—49	173
सप्ताह—50	176
सप्ताह—51	179
सप्ताह—52	182

सप्ताह–1

जीवन में कई बार हमारे निर्णय हमारे लक्ष्य के अनुसार नहीं होते। ऐसे निर्णय ज्यादा दिनों तक नहीं टिकते और जल्दी ही भुला दिए जाते हैं; किंतु जो निर्णय उद्देश्यों को ध्यान में रखकर लिये जाते हैं, वे याद रहते हैं; क्योंकि वे आपके लिए महत्त्वपूर्ण होते हैं।

—रे स्टेनडॉल

यदि हम समय को लंबाई में नापें तो यह तीन श्रेणियों में विभाजित होता दिखाई पड़ता है—भूत, वर्तमान व भविष्य। भूत की परिभाषा ऐसे दी जा सकती है कि बीता हुआ वह समय, जिसमें हम यह आकलन कर सकते हैं कि जीवन में किन विकल्पों के चुनाव ने हमारे वर्तमान को सँवारा है—पश्च दृष्टि। भविष्य को ऐसे परिभाषित कर सकते हैं—आगे आनेवाले समय में मानसिक स्तर पर पहुँचकर यह चिंतन करना कि आज के समय में निर्णयों के कौन से चयन सकारात्मक नतीजे लाएँगे—दूरदर्शिता। वर्तमान वह समय, जो चल रहा है और वास्तविक अर्थों में 'सच्चा' कहा जा सकता है। वर्तमान हमारे लिए ढेरों खुशियाँ ला सकता है, यदि उस वर्तमान को हम अंतर्दृष्टि से जोड़कर देखें। अंतर्दर्शन ऐसा गुण है, जो हमें अपने अंदर झाँकने को प्रेरित करता है कि कौन से सबक हमारे वर्तमान को सुखद बनाने के लिए प्रासंगिक हैं।

भौतिक दृष्टि से हम घड़ी में समय देख सकते हैं, कालानुक्रमिक

सूची (कैलेंडर) को आगे बढ़ा सकते हैं, (तारीख के अनुसार) अपने अनुभवों का प्रलेखन कर सकते हैं और समय का अवलोकन भी; किंतु आध्यात्मिक दृष्टि से समय की समझ भिन्न होती है। वह चक्राधार होती है। हम अपने मस्तिष्क में संपूर्ण जीवन का एक तरह से चलचित्र देख लेते हैं। हमारे सारे संबंध व अनुभव हमारे भीतर ही रहते हैं और सत्य से पोषित होते हैं। कभी-कभी ये अनुभव आपस में इतने उलझ जाते हैं कि कालक्रम अस्पष्ट हो जाता है। हम स्वप्न में कभी खुद को बच्चा और अपने बच्चों को अपने साथियों के रूप में देखते हैं। कभी बहुत पुरानी घटना को वर्तमान स्थान व परिवेश में देखते हैं। यह पागलपन नहीं, बल्कि मस्तिष्क का सभी अनुभवों को अर्थ व विवेक-सम्मत करने का प्रयास है। वैज्ञानिकों का कहना है कि जो समय है, वह है, जो चल रहा है। इनमें भूत, वर्तमान, भविष्य जैसा कुछ नहीं है, कोई भेद नहीं है। समय जैसा है, वैसा ही है। इससे स्पष्ट है कि किस प्रकार स्वप्न में दिखाई देनेवाली घटनाएँ एक-दूसरे में मिल जाती हैं और घटनाओं का कालक्रम टूट जाता है।

यह सभी कुछ सोचने व चिंतन के स्तर पर तो ठीक लगता है, किंतु जीवन की सच्चाई में जीने के लिए, मेले में, कदम से कदम मिलाकर तो चलना ही पड़ेगा। यही कारण है डॉ. नेपोलियन हिल समय का समझदारी व निपुणता-युक्त उपयोग करने को कहते हैं। समय हमारे अस्तित्व का अर्क है और समय-क्षेत्र से बाहर निकलते ही हमारी पहचान खत्म हो जाती है। यदि हम जिंदगी को शतरंज की बिसात समझें तो समय हमारा प्रतिद्वंद्वी है। अपनी बेहतरीन चाल चलिए और बाजी को अपनी तरफ मोड़ लीजिए। याद रहे, समय किसी के लिए नहीं रुकता। इस सच्चाई को ध्यान में रखते हुए अपनी अंतर्दृष्टि को जाग्रत् करें और जीवन में सफलता एवं उपलब्धियों के लिए समय का बुद्धिमत्तापूर्वक प्रयोग करें।

समय में छुपा अवसर

—डॉ. नेपोलियन हिल

अगली बार जब आपको यह लगे कि समय और अवसर के इस बहुमूल्य कर्ता का आप दुरुपयोग कर रहे हैं, उसी समय अपने संकल्प को दोहराइए, मन-मस्तिष्क में बिठाइए और तुरंत ही कार्य आरंभ कर दीजिए।

मेरा समय-चिकित्सक के प्रति वचन

1. समय ही मेरी असली संपत्ति एवं धन है। मैं स्वयं को इसकी बजट-व्यवस्था से जोड़ूँगा और अथक प्रयास करूँगा कि जाग्रत् अवस्था (जब सोए न हों) का प्रत्येक क्षण मैं स्वयं के सुधार में लगाऊँ।
2. भविष्य में मैं समय के दुरुपयोग को अपराध समझ उसके लिए प्रायश्चित्त करूँगा/करूँगी और उस क्षतिपूर्ति की भरपाई करने की कोशिश करूँगी/करूँगा।
3. इस बात की सत्यता को मानते हुए कि 'जैसा बोओगे, वैसा काटोगे', मुझे केवल सेवा के बीज बोने हैं और इस प्रकार मैं स्वयं को 'क्षतिपूर्ति नियम' की राह पर बिछा दूँगा/दूँगी।
4. मैं अपने समय का इस प्रकार से प्रयोग करूँगा कि भविष्य का आने वाला प्रत्येक दिन मेरे लिए 'मन की शांति' लाए और यदि ऐसा न हो तो मैं समय का स्व-विश्लेषण के लिए प्रयोग करूँगा/करूँगी कि मेरा मार्ग कहाँ गलत है।
5. यह जानते हुए कि मेरे सोचने की आदत ही या मेरे विचार ही प्रतिमान बन जाएँगे और वे उन परिस्थितियों को अपनी ओर आकर्षित करेंगे, जो मेरे जीवन के कालक्रम को प्रभावित करेंगी, मैं इस बात का ध्यान रखूँगा।/रखूँगी कि मैं अपने मस्तिष्क को इतना व्यस्त रखूँ, ताकि मैं अपनी मनचाही परिस्थिति को ही

आकर्षित करूँ और अपना वक्त डर व कुंठा जैसे मनोविकारों को पोषित करने में व्यर्थ न गँवाऊँ।

6. इस बात का बोध रखते हुए कि मेरे पास धरती पर रहने का समय अनिश्चित व सीमित है, मेरा प्रयास रहेगा कि मैं अपने हिस्से के समय को अपने प्रियजनों के लिए प्रयोग में लाऊँ। वे मेरे जीवन के उदाहरण से प्रभावित व प्रेरित होकर स्वयं के समय का सदुपयोग करें।
7. अंततः जब मेरी जीवन-लीला समाप्त हो जाए तो मैं लोगों के दिलों में ऐसा स्मारक खड़ा कर जाऊँ, जिसे देखकर यह निश्चित हो सके कि मेरा जीवन सार्थक हुआ और मेरे कर्मों ने विश्व को थोड़ा सा और जीने लायक स्थान बनाया।
8. मैं जब तक जीवित हूँ, स्वयं को यह वचन रोज याद दिलाऊँ और उसमें अखंड विश्वास भी रखूँ कि यह वचन मेरे चरित्र का सुधार व उद्धार करेगा और दूसरों को उनके जीवन में सुधार लाने को प्रेरित करेगा।

❑

सप्ताह–2

मुझे शारीरिक व मानसिक पीड़ाओं से निबटने का सबसे उचित तरीका सार्वभौमिक सोच लगता है। मेरे कहने का अर्थ यह है कि जब हमें पीड़ा हो रही हो तो हम विश्व के उन 6 अरब लोगों के बारे में सोचें, जो विभिन्न शारीरिक व मानसिक चुनौतियों से जूझ रहे हैं। उनके अनुभव निश्चित ही कड़वे रहे होंगे, लेकिन वे जीवन में सफल हुए। इसका अर्थ है कि आप भी चुनौतियों को पार अवश्य कर सकते हैं।

—टॉम कनिंघम

कई बार आप यह देखकर हैरान होंगे कि लोग जीवन में इतनी मुश्किलें कैसे सहन करते होंगे। दूसरों की पीड़ाएँ आपको अपने जीवन के वरदान गिनने के लिए प्रेरित करती हैं। कई लोग भावनात्मक, मानसिक, सामाजिक व आध्यात्मिक पीड़ा में होते हैं; किंतु अपनी व्यथा छुपा लेते हैं। 'ईश्वर की कृपा से मैं जीवन जी पा रहा हूँ, आगे बढ़ पा रहा हूँ', एक बहुत ही सकारात्मक सोच है। कभी मेरे जीवन में अनेक समस्याएँ होती हैं तो कभी नहीं। कभी अधिक व्यस्तता तो कभी निश्िंचतता। जब कभी मैं किसी और के अनुभवों एवं व्यवहार के बारे में विश्लेषण करता/करती हूँ तो मेरा मन इस सोच और दया से भर जाता है कि वह किन परिस्थितियों के कारण ऐसा कर रहा है। किसी दूसरे की परिस्थिति में जाकर आकलन करने में हम ज्यादा समझदार और दूसरों

के प्रति अधिक संवेदनशील हो जाते हैं।

इस वर्ष का मेरा उद्देश्य है कि मैं बिना सोचे-समझे किसी निर्णय पर न पहुँचूँ और न ही किसी को पहले से आँकने का प्रयास करूँ। जब कभी भी मुझे लगता है कि मैं दूसरे से बात न करूँ या उसकी मुश्किलें न समझूँ तो मैं स्वयं को याद दिलाता हूँ या दिलाती हूँ कि मैं स्वयं को उन परिस्थितियों में पा सकती हूँ। और क्या होगा, जब कोई मेरी परेशानियों को न सुने और न ही समझने का प्रयास करे? मैं कितना उपेक्षित महसूस करूँगा/करूँगी? सबसे ज्यादा तो मैं स्वयं को तुच्छ और नगण्य-सा महसूस करूँगा/करूँगी। एक शब्द में कहूँ तो अप-मानव।

यह अत्यंत आवश्यक है कि आप सभी को सम्मान दें। यदि हम ऐसा आदर्श व्यवहार करते हैं तो वह सम्मान हमारे पास भी लौटकर आता है। यदि आप औरों को सम्मान देंगे तो आपको भी मिलेगा। कई लोग हर तरह से सक्षम होने पर भी विशेष मुरव्वतों की उपेक्षा करते हैं और सोचते हैं कि यह 'विशेष दर्जा' उन्होंने हासिल किया है। सच तो यह है कि वे इस दर्जे की माँग कर सकते हैं, इसीलिए करते हैं, बाकी जिन्हें सचमुच विशेष दर्जा मिलना चाहिए, इन सब बातों की उपेक्षा नहीं करते। 'अधिकार' शब्द उनके जीवन के शब्दकोश में नहीं होता।

मैं उन लोगों की प्रशंसा में नतमस्तक होता/होती हूँ, जो आपको उनकी ओर दोबारा देखने की ओर विवश करते हैं; क्योंकि वे वह काम करते हैं, जो आपने नहीं किया। मसलन—

1. वे नियमों का अपवाद करते हुए विशेषाधिकारों की माँग नहीं करते।
2. वे लाचार नहीं दिखते।
3. वे स्वयं से ज्यादा दूसरों की आवश्यकताओं पर अधिक ध्यान देते हैं।
4. लेने से पहले देने का भाव रखते हैं।

5. वे शिकायत करने से बचते हैं।
6. वे उदास या निराश होने पर भी अच्छाई का पक्ष देखते हैं। सकारात्मक पक्ष देखते हैं।
7. वे अपने बारे में कम ही बात करते हैं।
8. वे आपसे उनके बारे में भी पूछते हैं, जो व्यक्ति आपके लिए मायने रखते हों।
9. वे सकारात्मक व्यवहार दरशाते हैं।
10. वे ईश्वर के अस्तित्व को सर्वोपरि मानते हैं।

'जो कहते हैं, वह करते हैं' की विशेषताओं को ध्यान में रखते हुए क्या आप नहीं सोचते कि 'दर्द-मुक्त कार्यक्रम' की शुरुआत जीवन में हो जानी चाहिए? उपर्युक्त दस सूत्रीय कार्यक्रम के नुस्खे को अपनाएँ और एक सप्ताह में अच्छे परिणाम पाएँ।

दर्द हितकारी, कैसे?

—डॉ. नेपोलियन हिल

मेरे जीवन का सबसे श्रेष्ठ व्यक्ति अर्थात् मेरी विमाता का जीवन संधिशोथ के दर्दनाक साए में गुजरा। असहनीय वेदना सही उन्होंने; फिर भी जीने की अदम्य इच्छा और आत्मशक्ति ने अगणित लोगों को उत्साहवर्धक जीवन जीने को प्रेरित किया और करती रहेंगी, जिनमें से अभी तो अरबों अजनमे हैं।

बाल्यावस्था में उन्होंने ही मुझे व्यावहारिक जीवन के लिए प्रशिक्षित किया। शायद उसी प्रशिक्षण ने मुझे जीवन में ऐसे मुकाम पर पहुँचाया, जहाँ एंड्रयू कार्नेगी जैसे विख्यात व्यक्ति ने मुझे दुनिया को निजी उपलब्धियों को पाने के सूत्र बताने व सिखाने के सिद्धांत सिखाने का जिम्मा दिया।

यदि मेरी विमाता व्हीलचेयर (पहिएदार कुरसी) तक सीमित या बँधी

नहीं होतीं तो विश्व में कोई नहीं जान पाता कि वे शारीरिक वेदना से ग्रस्त थीं। उनकी आवाज मनमोहक थी और उनकी बातचीत में सकारात्मक विचारों का एक प्रवाह रहता था। उन्होंने कभी शिकायत नहीं कि और हम सभी को, जो उनके नजदीक रहते थे, हमेशा प्रोत्साहक बातों से उत्साह भरती थीं। मुझे विश्वास है कि मेरी माता को जिन्होंने जाना, वे निश्चित ही समझे होंगे कि किस हद तक उन्होंने शारीरिक वेदनाओं को झेला होगा और सहा होगा कि दाँत दर्द या शल्य-चिकित्सा के नाम पर डरनेवालों को शर्मिंदा किया होगा।

मेरी विमाता का स्वयं की शारीरिक वेदना के प्रति दृष्टिकोण ही उन्हें मेरी नजरों में महान् बनाता है, जो उन्हें जानते थे, वे सभी उनसे प्यार करते थे और जो उनसे ईर्ष्या करते थे, वे भी उनके स्वानुशासन के कारण।

इससे यह स्पष्ट है कि शारीरिक वेदना के प्रति किसी का मानसिक दृष्टिकोण अत्यंत महत्त्वपूर्ण है। इस बात को तय करने के लिए भी महत्त्वपूर्ण है कि किस प्रकार दर्द पर विजय पाई जा सकती है और और उसे दूसरों को लाभप्रद सेवा में परिवर्तित किया जा सकता है। स्वयं के दु:ख-दर्द पर ध्यान देने के बजाय मेरी माता दूसरों की मदद करने में लग जातीं, खासकर अपनों की, परिवारजनों की, मित्रों की। इस प्रकार वह अपने दर्द का प्रभाव कम कर लेतीं। यह सलाह उनके लिए लाभकारी है, जो अपने मस्तिष्क को अपनी समस्याओं के आसपास ही लगाए रखते हैं।

❑

सप्ताह–3

नए वर्ष के पहले दिन किया गया संकल्प का समय स्व-विश्लेषण का भी समय होता है और वह अधिकतर बीते हुए समय के संकल्प एवं समाधान की याद दिलाता है। हम विचारों को आने से रोक भी नहीं सकते। सबसे कठिन और महत्त्वपूर्ण उत्तर वे होते हैं, जो आपको जीवन में स्वयं देने होते हैं और प्रश्न भी ऐसे कि आपने यह कार्य कैसे किया या किसी से भी क्यों नहीं करवाया?

—जेफ्री जीटोमेर

चमत्कार हर रोज होते हैं, किंतु चमत्कार हमारे हाथों से फिसल भी सकते हैं, यदि हम जाग्रत् होकर स्वयं उनकी (चमत्कार) बारंबारता से सामंजस्य नहीं बिठाते। जब हम उन चमत्कारों का पता लगा लेते हैं तो वे हमारे समक्ष आकर यह बात स्पष्ट कर देते हैं कि हमारे आदेश पर ही चमत्कार हुआ है। ऐसा इसीलिए होता है, क्योंकि हम अपनी इच्छाओं को अपेक्षित परिणामों से जोड़ लेते हैं।

जब हम आँखों की जाँच के लिए डॉक्टर के पास जाते हैं तो डॉक्टर हमसे पूछते हैं—लेंस होल्डर इस लेंस से ज्यादा बेहतर दिख रहा है या पहला ठीक था? उस समय मानो समय एहसास दिला जाता है कि किस प्रकार उम्र के अनुसार परिवर्तन होता है और बहुत सी चीजें बदलती

जाती हैं। जैसे चश्मा बदलते हैं, वैसे ही स्वप्न-चित्र भी बदलते जाते हैं।

जीवन को देखने के लिए रंगीन चश्मा भी चढ़ाया जा सकता है और काला चश्मा भी; पर 20/20 की दृष्टि कई लोगों के लिए स्वप्नचित्र जैसी है। डॉक्टर हमें यह लक्ष्य पाने में मदद करते हैं और उनके द्वारा दिए गए लेंस का प्रयोग करके ही हम अपनी दूरदृष्टि को पा सकते हैं। उसी तरह अंतर्दृष्टि, पश्चदृष्टि व दूरदर्शिता हमारी दिव्यदर्शी प्रक्रियाएँ हैं, जो मानसिक व आध्यात्मिक दृष्टि से हमारे भीतर ही हैं। चार्ली टी जोन्स के अनुसार, जो पुस्तकें हम पढ़ते हैं और जिन लोगों से हम मिलते हैं, वे हमारी जीवन-शैली को सुधारने में महत्त्वपूर्ण भूमिका निभाते हैं। यदि हम सचमुच जीवन में आगे बढ़ना चाहते हैं और एक सुखद नियति तक पहुँचना चाहते हैं तो उसके लिए कार्य भी करना पड़ेगा। चार्ली-टी जोन्स के एक शिष्य जेफ्री जीटोमर हमें याद दिलाते हैं कि अपने लक्ष्य तक पहुँचने के लिए कठिन कार्य करो। ब्रह्मांड से केवल घर बैठे सभी वस्तुएँ उपहार में पा लेने की इच्छा न करो। यदि कोई स्वप्न साकार करना चाहते हैं तो निरंतर प्रयास व कार्य करते रहो।

चमत्कार मुश्किल से होते हैं, पर होते हैं। उन चमत्कारों को सच करने के लिए इच्छा से अधिक कुछ चाहिए। शारीरिक कार्य, समर्पण, निष्ठा, दृढ़ता, व्यक्तिगत पहल एवं तैयारी रखनी आवश्यक है, जिससे हम जैसी सोच रखनेवाला ब्रह्मांड हमारे लिए वे सभी अवसर तैयार करे और ऐसी परिस्थितियों का निर्माण करे, जिससे हमारे जीवन में चमत्कार हो। पहले लक्ष्य निश्चित करो, विचारों से ऊँचे-ही-ऊँचे उठो और चमत्कार का स्वागत करने को तैयार हो जाओ। वह खुद-ब-खुद तुम्हारे पास चलकर आएगा। सॅलमॉन मछली की तरह तुम भी मुश्किलों से जूझकर अपना लक्ष्य पा सकते हो; किंतु कर्म तो करना ही पड़ेगा।

एक विचार

—डॉ. नेपोलियन हिल

हर विचार, चाहे सकारात्मक हो या नकारात्मक, उच्चरित हो या अनुच्चरित, स्वयं को भौतिक समतुल्य के आवरण से ढँक लेता है और व्यक्ति को नए विचारों, योजनाओं एवं उद्देश्यों के लिए प्रेरित करता है। इसके लिए वह प्राकृतिक व तर्कसंगत माध्यमों का प्रयोग करता है। ऐसा होने पर व्यक्ति सहज ही अपना लक्ष्य पा लेता है। जब ये विचार आवृत्त होते रहते हैं, तब सकारात्मक विचारों की आदत के अनुसार अवचेतन मन कार्य करने लगता है।

'विचार वस्तुएँ हैं' कथन गलत है; किंतु यह परम सत्य है कि विचार ही वस्तुओं का निर्माण करते हैं, जो कि उन विचारों से उद्भूत होती हैं, जो विचारों के स्वभाव जैसी होती हैं/साम्य रखती हैं।

कई लोग इस बात की सच्चाई को मानते हैं, खासकर वे, जो औरों को आँकने में निपुण होते हैं कि हर विचार वातावरण में एक कंपन छोड़ता है, जिसके साथ उस विचार-मुक्त करनेवाले को बाद में संतोष करना ही पड़ता है। ऐसा इसलिए, क्योंकि मनुष्य स्वयं ही अनंत बुद्धिमानी द्वारा चालित विचारों का भौतिक रूप है। यह भी माना जाता है कि वह मान्यता कुछ और नहीं, अनंत बुद्धिमत्ता का दिखाई देनेवाला ऊर्जा का वह हिस्सा है, जो सार्वभौमिक स्रोत से मस्तिष्क ने लिया है।

❑

सप्ताह—4

इतने सालों में एक बात मैंने स्वयं के बारे में जान ली है कि यदि मैं ठान लूँ तो उससे भी ज्यादा कर सकती हूँ, जितना मैं सोचती हूँ कि मैं कर सकती हूँ। बस, वह कर गुजरने का 'जज्बा' स्वानुशासन की आदत ही है, जो कर्म करने को प्रेरित करती है। माउंट एवरेस्ट शिखर सम्मेलन में भाग लेनेवाली प्रथम अमेरिकन जिम व्हिटाकर के शब्दों में, ''हम कभी शिखर नहीं जीत सकते। बस, स्वयं के डर को जीत सकते हैं।''

—करेन लार्सन

हम निरंतर, बिना रुके काम करने की आदत में न रहकर अनगिनत सबक लेने से वंचित रह जाते हैं। कर्मठ हुए बिना उपलब्धियों की कल्पना दूर है; दूर ही नहीं, असंभव है। स्वयं से प्रश्न कीजिए कि स्वयं को सबसे ज्यादा खुद पर गर्व, खुशी व संतोष कब हुआ था? उत्तर मिलेगा कि—जब मैंने कोई कार्य खुद किया। किसी से कार्य करवाना, किराया देकर लोगों से कार्य करवाने में उतनी प्रसन्नता कभी नहीं मिलती, जितनी स्वयं करने पर मिलती है।

क्या आपको याद है कि आपने साइकिल चलाना कब सीखा? गोद की उम्र से आगे बढ़े, पालने से बाहर आए, बच्चा गाड़ी (प्रैम) छोड़ी और स्वयं के दो पैरों पर चलने लगे। अब आप उस संकटपूर्ण सवारी के लिए तैयार थे, जो आपके हमउम्र बच्चे कर रहे थे। सच्ची उपलब्धि

का अहसास तब हुआ था, जब बिना किसी की सहायता के आपने अपने बलबूते पर साइकिल की सवारी की थी। वह आजादी कितनी आनंददायक और उपलब्धियों पर गर्व करने योग्य और असंदिग्ध थी, मानो मील का पत्थर हो।

पिछली गरमियों में मैं और मेरे एक मित्र डॉ. जूडी आरसी ने एपारिशन हिल ऐंड क्रॉस माउंटेन पार किया। यह क्रोएशिया में था। दोपहर में केवल हाथ लकड़ी, पर्वतारोहण के जूते एवं दृढ़ संकल्प से हम पहाड़ी और पहाड़ दोनों ही चढ़ गए। बाद में हम दोनों को ही चक्कर आ रहे थे। किंतु वह पहाड़ी और पहाड़ पर चढ़ जाने की खुशी आज भी एक अत्यंत व्यक्तिगत गर्व महसूस करा जाती है। मैं उम्मीद करती हूँ कि हम दोनों दुबारा ऐसा कर पाएँगे। कितना आनंद आया था!

जीवन हमेशा चुनौतियाँ फेंकता रहता है। यही चुनौतियाँ अवसर भी लाती हैं। केवल पीछे खड़े रहकर सुअवसरों को 'नहीं' कहने से बेहतर है, पहला कदम बढ़ाते हुए अनवरत प्रयास करना। खड़े रहने से छोटे-छोटे कदम बढ़ाना ज्यादा बेहतर है।

स्व-अनुशासन के लाभ

—डॉ. नेपोलियन हिल

इससे पहले कि आप स्व-अनुशासन के नियम पढ़ें, यहाँ उसके लाभ की रूपरेखा दी जा रही है, जो आपको स्व-अनुशासन में कुशल कर देगी। आवश्यकता है तो बस, दिए गए सुझावों पर अमल करने की—

- इससे आपकी कल्पना-शक्ति जाग्रत् होगी।
- आपका उत्साह और तीव्र होगा।
- आप पहलकदमी का विकास कर पाएँगे।
- आप स्वावलंबी बनेंगे।

- आपका विश्व को देखने का नजरिया बदलेगा।
- आपकी दूरदृष्टि विस्तृत होगी।
- मुश्किलें जल्दी से पिघलकर गायब हो जाएँगी।
- आपका व्यक्तित्व चुंबक की तरह आकर्षक हो जाएगा। जो पहले आपको देखकर भी अनदेखा करते थे, अब आपकी ओर खिंचे चले आएँगे।
- आपकी आशाएँ व महत्त्वाकांक्षाएँ बढ़ेंगी और मजबूत होंगी।
- आपकी श्रद्धा और मजबूत बनेगी।

स्व-अनुशासन के अलावा व्यक्ति को किसी अन्य गुण की इतनी आवश्यकता नहीं पड़ती।

स्व-अनुशासन का अर्थ है—अपने मन-मस्तिष्क को अपने नियंत्रण में ले लेना। यह पूरे पाठ्यक्रम में बार-बार याद दिलाया गया है।

हम ऐसी जगह हैं, जहाँ हम अलग-अलग तरह के सिद्धांत आपस में जोड़ सकते हैं और उनके बीच के संबंध समझ सकते हैं। सभी नियमों व सिद्धांतों का एक ही उद्देश्य है—आपका स्वयं पर नियंत्रण हो। यह स्व-अनुशासन अत्यधिक महत्त्वपूर्ण विषय है। जो खुद को अनुशासन में नहीं रख सकता, वह किसी कार्य में अत्यंत कुशल हो जाए, इसकी संभावना कम ही रहती है।

❑

सप्ताह–5

अपेक्षाओं से अधिक दूसरों को देने से आपका महत्त्व बढ़ जाता है और लोगों को इसका अहसास भी रहता है। यदि दूसरों ने ध्यान नहीं भी दिया तो भी औरों को देने के लिए आपके जीवन से बहुत कुछ चाहिए होगा। यह परोपकार और दूसरों की खुशी के लिए जीने का भाव ही पवित्र चक्र का आरंभ है, जो कार्य शुरू करने से होता है।

—केन कैडो

व्यवसाय से शिक्षक होने के कारण मैं सदैव सतर्क रहकर यह देखने का प्रयास करती हूँ कि मेरे पढ़ाने का छात्रों पर क्या प्रभाव पड़ेगा। जब कोई भी शिक्षक परिणाम सोचकर ध्येयपूर्वक पढ़ाता है तो उसका लक्ष्य अपेक्षित परिणाम पर ही केंद्रित रहता है। शिक्षक की तुलना हम कीमियागर (Alchemist) से कर सकते हैं, जो साधारण सी धातु को सोने में परिवर्तित कर देता है। अध्यापक भी छात्र के भीतर विद्यमान योग्यता को पहचानकर निखारकर आगे लाता है। एक अच्छा गुरु अपने शिष्यों के लिए सुवअसर खोजता है और परिस्थितियाँ बनाता है, जहाँ शिष्य स्वयं अपने गुणों को पहचाने तथा शुद्ध रूप में गुण-युक्त होकर साधारण छात्र से असाधारण छात्र में परिवर्तित हो।

छात्र के रूप में मेरे शिक्षकों ने मुझे कई चुनौतीपूर्ण स्थितियों में अपने कौशल व दक्षता को जानने को प्रेरित किया। हर घटना बताती कि वे समझाते थे कि मैं और ज्यादा अच्छे परिणाम दे सकती हूँ।

मैं बहुत प्रतिभावान् छात्रा नहीं थी; किंतु अपना गृहकार्य, परियोजना

कार्य वगैरह पूरा कर लेती थी। ऐसा होने पर भी उन शिक्षकों ने मुझे आध्यात्मिक उन्नति व दक्षता के विकास का पथ दिखाया। मैंने साधारण अंकों से कक्षा उत्तीर्ण करने के प्रयास से ज्यादा प्रयास किया। मैं पहले से थोड़ा सा ज्यादा कुशल महसूस करने लगी थी। धीरे-धीरे मुझे सबसे आगे रहने की इच्छा होने लगी। मैं केवल दिखावा नहीं कर रही थी। मुझे अपनी योग्यता के अनुसार कार्य करना था और जब मैंने किया, जितना गौरव मुझे महसूस हुआ, वह अतुलनीय था।

शिक्षकों की डाँट का नतीजा है कि आज मैं यहाँ हूँ। एक प्रोफेसर ने कहा था, "तुमने जो पाठ्यक्रम चुना है, उसके बारे में दुबारा सोचो, कर पाओगी क्या?" दूसरे ने कहा था, "किस तरह की छात्रा हो, जो बिना कागज व कलम के कक्षा में पढ़ने चली आईं? नोट्स किसमें लिखोगी?" गुस्से का बुरा तो लगा, पर मैंने सोचा, चिंतन किया। अगर मेरी यह भर्त्सना न की गई होती तो मैं केवल जीने के लिए कमाती, इतना फलती-फूलती नहीं। चूँकि किसी ने मेरा अप्रयुक्त सामर्थ्य देखा और मुझे प्रोत्साहित किया कि मैं स्वयं के सच्चे स्वरूप को जान सकूँ। इसी बीच मैं अपने शिक्षकों की अपेक्षाओं पर खरा उतरी।

वाकई ! शिक्षक तो जादू की छड़ी चला सकते हैं। जो छात्र आसानी से उस जादू के प्रभाव में आ जाते हैं, वे सुखद भविष्य में बढ़ जाते हैं। विश्वास चमत्कारों को जन्म देते हैं। किसी पर विश्वास करके अच्छे प्रदर्शन की अपेक्षाएँ रखें तो निश्चित ही उस व्यक्ति में रूपांतरण दिखेगा। यह जानने और मानने से कि आप विजयी होंगे, आप होंगे। शुरुआत तो करें। आज ही किसी पर भरोसा कर विश्वास करें।

निजी स्तर पर अगुआई

—डॉ. नेपोलियन हिल

निजी पहलकदमी का अर्थ है—ऐसे काम को करने का प्रयास करना,

जो किसी ने करने को नहीं कहा। इसे 'स्वचालित नियम' कहना गलत नहीं होगा। यह कार्य होने की प्रक्रिया को गतिमान करता है। यह कार्य के होने का कारण बनता है। कार्य के किसी और द्वारा किए जाने की प्रतीक्षा न करें, स्वयं उस कार्य को करें। इस विश्व में ऐसे कई लोग हैं, जिन्होंने आजीवन अपना जीवन काम और सेवा में लगा दिया। इतना करने पर भी मुफलिसी (गरीबी) का जीवन जिया। वे ईमानदार थे। उनका लोगों ने भरपूर शोषण किया और वे गधे के समान काम से लादे भी गए। अच्छे स्वभाव का कई लोगों ने फायदा उठाया। ईमानदारी से कोई समझौता नहीं किया जा सकता। हर व्यक्ति को बुद्धिमानी से इस बात का ध्यान रखना चाहिए कि आसपास के लोगों को किस हद तक क्या सच बताना है। स्वार्थी लोग उसके भोलेपन का फायदा उठा सकते हैं; क्योंकि उस व्यक्ति की कमजोरी और ताकत का उन्हें अंदाजा हो जाता है।

कोल्हू का बैल बनने की आदत के बारे में क्या कहेंगे ? जब लोग आप पर काम थोपते ही जाएँगे। इस बात का ध्यान रहे कि किए गए कर्म का उचित मुआवजा और कीमत मिले। माना कि सब्र का फल मीठा होता है, पर कभी-कभी वह पककर सड़ भी जाता है। आगे बढ़कर किसी के लिए कार्य करते समय यह मूल मंत्र अवश्य याद रखें कि कभी-कभार इस बात का भी ध्यान रखें कि वह कार्य सोच-समझकर किया गया हो, लक्ष्य को ध्यान में रखा गया हो और उसकी उचित कीमत भी मिले—अर्थात् सब्र कीजिए, पर उस पर नजर भी रखिए कि सब्र का परिणाम किस ओर जा रहा है। कई बार यह अत्यंत आवश्यक हो जाता है कि यह भी ध्यान रखा जाए कि सब्र का फल मीठा और पका तो हो ही, किंतु लोग उसे आपके समक्ष अच्छे से धोकर और तश्तरी में पेश करें।

❑

सप्ताह–6

कई अनुसंधानों ने यह बात स्पष्ट कर दी है कि शिकायत करने की आदत अत्यंत हानिकारक होती है। यह लोगों की सेहत, खुशियों व जीवन-वृत्ति (Career) सभी को हानि पहुँचाती है। अधिकतर लोग इस सच्चाई से अनभिज्ञ होते हैं कि जिंदगी में कितनी शिकायतें करते हैं।

—विल बॉउन

कितनी बार ऐसा होता है कि हम उठकर अखबार, रिपोर्ट्स पढ़ते हैं और यह मान लेते हैं कि हमारा कोई भी कार्य विश्व-स्तर पर परिवर्तन लाने में महत्त्वहीन है। यह नकारात्मक दृष्टिकोण तब और भी बढ़ जाता है, जब हम यह सोचते हैं कि दुनिया की मुश्किलों पर हमारा न कोई जोर है, न नियंत्रण। चाहे वह राजनीति हो, विश्व-भूख की समस्या, शिक्षा, प्राकृतिक आपदाएँ या पर्यावरण हो; एक सामान्य व्यक्ति इन समस्याओं से जूझने में स्वयं को असमर्थ पाता है। किंतु चाहे हम उस समस्या का हिस्सा न हों, पर किसी व्यक्ति को हतोत्साहित होकर निष्क्रिय होने देना भी तो समस्या का समाधान नहीं है। तब कोई व्यक्ति क्या करे, जब वह समाधान का हिस्सा बनने की प्रक्रिया से बाहर भी हो और हतोत्साहित भी?

यदि हमें अपने जीवन में सकारात्मक रहना है तो इस बात का विश्लेषण करना होगा कि कौन सी प्रक्रिया काम करती है और कौन सी

नहीं? एकाग्रता से सामर्थ्य पर ध्यान देना और फिर निर्धारित लक्ष्य के अनुसार कार्य करना सुधार की प्रक्रिया में सहयोग दे सकता है। एक छोटा कदम हमें हास्यास्पद लग सकता है, पर बच्चा कदम-कदम करके ही चलना सीखता है। यदि एक व्यक्ति कदम बढ़ाकर अपना लक्ष्य पा सकता है तो बाकी व्यक्ति ऐसा क्यों नहीं कर सकते? यह तो विश्व-विदित है कि एक इनसान, एक कार्य समर्पित समूह, एक कमरे में बैठे निष्ठावान् भक्त/कार्य के प्रति निष्ठावान् लोग इतने प्रभावकारी हो सकते हैं कि उसका असर विश्व स्तर पर भी देखा जा सकता है। एक सकारात्मक निर्णय दृष्टिकोण रखकर यदि कोई व्यक्ति या समूह किसी मुद्दे पर कार्य करना चाहे तो वह नकारात्मक स्थिति को अच्छी स्थिति में बदल सकता है।

मेरे पास हिमालय क्षेत्र की बिल्ली की कई प्रजातियाँ हैं, जिनका शीत ऋतु में काया-कल्प होता है और वे प्रजनन की स्थिति में होती हैं। बड़ी उम्र की बिल्लियों की काया पतली होने के कारण उन्हें प्रजनन में कठिनाइयों का सामना करना पड़ता है। उनके बालों की अटकलें सुलझाने का मैं अत्यधिक प्रयास करता हूँ; किंतु एक प्रयास में ऐसा नहीं हो पाता और बिल्लियाँ बहुत ही बेचैन हो उठती हैं। किंतु मैं उनके बालों को 'पूडल कट' केश व्यवस्था में नहीं बाँधना चाहता। इससे बिल्लियों की गरिमा और सुंदरता दोनों ही बनी रहती हैं। वे मुझे एक समय में बालों की एक या दो गुत्थियाँ ही सुलझाने देती हैं। जीवन का भी ऐसा ही है।

जीवन में सारे कार्य सफलता से एक साथ नहीं किए जा सकते; किंतु अगर हम एक समय में एक कार्य ध्यान से करें तो काफी अंतर प्रकट हो सकता है। उस एक बात और विषय पर ध्यान केंद्रित कर, जो कि हमारे लिए अत्यंत आवश्यक है, कार्य करते हैं तो हमारी दुनिया बदलनी शुरू होती है। इस बात से फर्क नहीं पड़ता कि हम बिल्लियों को, स्टारफिश को या विश्व को बचाने का प्रयास कर रहे हैं; आवश्यकता केवल समर्पण

से कार्य करने की है। स्वयं और विश्व के लिए काम करना आरंभ तो कीजिए, बदलाव स्वयं ही नजर आएगा।

मानसिक दृष्टिकोण से अपनी नियति वश में करें

—डॉ. नेपोलियन हिल

मनुष्य स्वयं के मानसिक दृष्टिकोण को नियंत्रित कर अपने भाग्य को बदल सकता है। बोले गए शब्दों की शक्ति को शक्तिमान जानिए और मानिए। ध्यान रहे, ऐसे एक भी शब्द का उच्चारण न करें, जो आपके सकारात्मक मानसिक दृष्टिकोण से सामंजस्य न रखता हो। डॉ. एस. एल. कैटजॉफ द्वारा लिखित निबंध के कुछ अंश आपको उच्चरित शब्दों की शक्ति का अहसास कराएँगे।

उच्चरित शब्द

- सबसे अधिक गलतियाँ करनेवाला शारीरिक अवयव जीभ है।
- हम क्या कहते हैं, यह बात उतनी मायने नहीं रखती, जितनी कैसे और कब कही गई है, मायने रखती है। अपने शब्दों को शालीनता, भावनाओं और कृतज्ञता के मापदंड से नापिए।
- संवादोचित रुचि तभी बनी रहती है, जब हम दूसरे को महत्त्व के केंद्र में रखते हैं और बजाय बताने के उनसे उनके बारे में प्रश्न पूछते हैं।
- जितना कम कहेंगे, उतना ही कम वापस लेना पड़ेगा। प्रकृति ने सोच-समझकर ही हमें दो कान और एक मुँह दिया है। निरंकुश जीभ यदि एक शब्द भी लापरवाही से बोल दे तो जीवन भर की हानि पहुँचा सकती है।
- गलतियाँ निकालने, कहा—सुनी व अवांछित आलोचना से बेहतर

है कि आप दूसरों के गुणों की प्रशंसा करें, स्वयं की गलती मानें और माफी माँगने में न झिझकें।

- जल्द-से-जल्द मतभेदों को मिटाने का प्रयास करें। इसमें की गई देरी मन-मुटाव की आग में कोयले का कार्य करती है।

सफल बातचीत के लिए कुछ मंत्र

- आमने-सामने की बातचीत सर्वोत्तम होती है।
- दूसरे की बात समाप्त होने से पहले हस्तक्षेप न करें।
- स्वयं की बातों के लिए स्वयं जिम्मेदारी लें।
- बातचीत में सुर का ध्यान रखना।
- अनावश्यक व बीते हुए कल के संदर्भों का जिक्र न करें।
- माँगने पर ही सलाह दें।
- नकारात्मक तुलनाएँ न करें।
- जो अच्छा लगे, उसकी तारीफ करें और जो न पसंद आए, उसे अनदेखा कर दें।
- अनावश्यक विषयों पर बहस न करें। अगर आप जीतते भी हैं तो भी वह कुछ खास फायदा नहीं पहुँचाएगा।

❑

सप्ताह–7

जब किसी ने आपके समक्ष अपने विचार रखे हों, आपसे बहस करते हुए ऐसे दृढ़ विश्वास से तथ्य पेश किए हों, जिससे आप सहमत न हों तो आप में भ्रम, विद्वेष, उपेक्षा, नाराजगी व उलझन के भावों का संचार अवश्य हुआ होगा और अगर ऐसा हुआ है तो आपके पास सुअवसर है ऐसा खाका तैयार करने का, जिसमें आपके विश्वास व विचार दोनों का ही परीक्षण करने पर शायद आपको विनाशकारी निर्णय से बच जाने का उपाय हो।

—एलिजॅर एलपरस्टीन

अचूक विचार शक्ति ऐसा कौशल है, जिसे सीखना पड़ता है। हममें वह जन्म से नहीं होती। अपने चिंतन को ठीक और औचित्य से परिपूर्ण करने के लिए आवश्यक है कि हम स्व-अनुशासन और स्व-नियंत्रण लाने का प्रयास करें, ताकि निष्पक्षता से हम किसी भी विषय पर सोच सकें। यह कहना आसान, किंतु करना कठिन है। घर का वातावरण, संस्कृति, पड़ोस, धर्म, राज्य, राष्ट्र, महाद्वीप, राजनीतिक व्यवस्था आदि हमारी सोच व निष्पक्षता को प्रभावित करते हैं। यह गहरे काले चश्मे को चढ़ाने जैसा है, जैसा कि कहा जाता है—कई बार वन के घने वृक्ष ही वन की सुंदरता का आनंद नहीं लेने देते। जीवन में हमारा किसी बात के प्रति निजी झुकाव ही—चाहे अच्छा हो या बुरा, उन वृक्षों की तरह होता है और वन-क्षेत्र तटस्थ विचारधारा जैसा, जो सीखने के उपरांत मतभेद

जैसा। यह इतना आसान नहीं।

अब अपने विश्वासों और मान्यताओं को ही लीजिए। कहाँ से आते हैं वे? माता-पिता, अध्यापक, जीवन के आदर्श लोगों से या हमारे आस-पास रहनेवालों से। हमारे ये विश्वास दुनिया को देखने का दृष्टिकोण देते हैं। या तो चीजें साफ या अस्पष्ट नजर आती हैं। सच्चाई तो यह है कि वस्तु-स्थिति नहीं बदलती, हम बदलते हैं। दुनिया तो कई तात्कालिक मुद्दों का अड्डा है, जो लोगों को अच्छे-बुरे, सही-गलत से ही आँकती है। एक उदाहरण के अंतर्गत कल्पना कीजिए ऐसी स्थिति की, जिससे आप सहमत नहीं। अब इस मुद्दे को चार लोगों के समक्ष रखिए और स्थिति के पक्ष में अपने विचार प्रकट कीजिए; हालाँकि जबकि आप असहमत हैं। इससे बुद्धि को चालना मिलती है। ऐसा करने पर संज्ञात्मक असंगति भी उत्पन्न होती है। हो सकता है, इस उदाहरण से और वाद-विवाद से आपके अपने विचारों में, दृष्टिकोण में, मान्यता में परिवर्तन आए। उसी तरह आप उस मुद्दे के लिए ऐसे वाद-विवाद का आयोजन कर सकते हैं, जिसके बारे में विश्वस्त हों कि लोगों में सही विचारधारा का प्रवाह हो।

जब आपके अनुमान व विचार में हलचल पैदा होती है, तब आपका जीवन बदलना आरंभ होता है। हम अपनी पुरानी मान्यताओं से उठकर आगे की सोचते हैं। सही सोच हमें इसमें मदद करती है। दूसरों का पक्ष समझने का प्रयास कीजिए। चाहे आप उसे मानें या न मानें, पर आपका दुनिया को देखने का दृष्टिकोण व्यापक होगा।

अनुभव संस्था

—डॉ. नेपोलियन हिल

(एक चर्चा को याद करते हुए नेपोलियन हिल ने एंड्रयू कार्नेगी की बात को बताना चाहा है।)

अनुभव से बड़ी पाठशाला जीवन में कोई नहीं। यह ऐसी पाठशाला है, जहाँ नकल असंभव है। यहाँ व्यक्ति या तो अव्वल अंकों से स्नातक होता है या फिर अनुत्तीर्ण हो जाता है। यहाँ छात्र ही स्वयं का शिक्षक होता है। शरीर और मस्तिष्क के सामंजस्य से कौशल का विकास होता है। ऐसा तारतम्य खुद की आदतों पर नियंत्रण से आता है; किंतु जब तक मनुष्य अपने कार्य के प्रति सजग नहीं होगा, वह व्यवस्थोचित चिंतक नहीं बन सकता। चाहे वह व्यक्ति कोई व्यवसाय कर ले, चाहे सुबह से शाम सोचने में लगा दे; किंतु न तो वह पुल बना पाएगा, न कोई कार्य ठीक से कर पाएगा, जब तक वह अपने सिद्धांतों को कार्यशीलता से परखेगा नहीं। इस बात को लेकर अधिकतर लोग स्वयं को सुलझी हुई सोचवाले मानते हैं और यही गलती करते हैं। यह भी कहते हुए नजर आते हैं, "मैं यह कार्य करने की बड़े दिनों से सोच रहा हूँ, किंतु मुझे रास्ता नहीं मिल रहा। इस जगह मुख्य कमजोरी यह रह जाती है कि वे अपने कार्यों से अपने लक्ष्य की निश्चितता प्रकट नहीं करते।"

यदि मनुष्य को कुछ करना है तो वह जहाँ है, वहीं से प्रयास आरंभ करे। कई यह कह सकते हैं, "आवश्यक उपकरण कहाँ से लाऊँ? मुझे चलती पूँजी कहाँ से मिलेगी? कौन मेरी सहायता करेगा?" सफल व्यक्ति सारी सुविधाएँ जुटाने के पहले ही कार्य आरंभ कर देते हैं और यह भी कहते सुना है, "जो कार्य व्यापार मैंने हाथ में लिया, उसके लिए मैं पूर्णत: तैयार नहीं था और मेरी जगह कोई और होता तो शायद वह भी तैयार नहीं होता।"

"निर्णय लेने पड़ते हैं, लक्ष्य बनाने पड़ते हैं और योजनाएँ रेखांकित करनी पड़ती हैं, जिससे उद्‌देश्य पूरे हों। जो लोग निर्णय लेने में झिझकते हैं, जबकि उनके पास सारे तथ्य मौजूद हों, ऐसे लोग सफल नहीं हो सकते। उन्हें स्पष्ट व फुरतीले व्यक्ति अपनी सोच व निर्णयों के आधार पर पीछे छोड़ देते हैं।"

❑

सप्ताह–8

इतने वर्षों में मेरा यह अहसास गहरा हो चला है कि मेरे जीवन में बहुत कुछ पर्याप्त हो रहा है, जिसका मुझे न पहले आभास था, न अनुभव। मुझे विश्वास है कि विश्व शक्ति के आदेश पर यह सबकुछ मेरे अच्छे के लिए हो रहा है। मैंने यह भी चिंतन और विश्लेषण किया कि किस प्रकार मैं इस ब्रह्मांड की शक्ति से जुड़ी रहूँ और कृतज्ञता व्यक्त करूँ तथा मैंने जो आभार व आदतें बनाई हैं, कैसे समर्पित करूँ?

—थेरेस सुलीवान

मैं जब विश्व के संचालक अर्थात् ईश्वर की हर जीव में उद्देश्य और योजना का संचार देखती हूँ तो अत्यंत भावुक हो जाती हूँ। हम अतीत में देखें तो यह बात सहज ही जान लेते हैं कि उस ईश्वर ने कितने प्रेम व सहजता से हमारा मार्गदर्शन करते हुए वहाँ तक पहुँचाया, जहाँ हम आज हैं; किंतु भविष्य में उस अनंत शक्ति की क्या भूमिका रहेगी, इसका अंदाजा लगाना कठिन है। हम जीवन में नुकसान उठाते हैं, स्वप्न अधूरे रह जाते हैं; लोग जीवन में आते हैं, चले जाते हैं और जीवन से हम यह सबकुछ होने का कारण ही पूछते रह जाते हैं। यह कुछ विचित्र जान पड़ता है। इतना होने पर भी अंत में सबकुछ यहीं रह जाता है, क्योंकि हमारी आत्मा काया रूपी नए वस्त्र पहन नया वेश धारण कर लेती है।

एक सर्वसाधारण सा प्रश्न आ जाता है, ''आखिर जीवन का सच क्या है?''

स्व-शिक्षा एवं सुधार की पुस्तकों की लेखिका होने के नाते और विभिन्न अध्यायों, लेखों इत्यादि में रुचि एवं लेखन के कारण इस जाल में फँसना स्वाभाविक है कि एक मुद्दे और विचार की दूसरे विचारों से तुलना करना। यह करें, वह नहीं! यह अभी करें। स्वयं को जानने का प्रयास करें। सफल होने के सूत्रों की संख्या अनगिनत है। आवश्यकता है तो उन सूत्रों का पालन करने की, जबकि यह पूरा सत्य नहीं है। यह हम सब जानते हैं कि कोई तो शक्ति है, जो हमारी कल्पना से परे है। इसी शक्ति ने पूरे ब्रह्मांड की और हमारी रचना की। चाहे हमारा अहंकार इस सच्चाई को मानने से इनकार कर दे, पर सत्य तो यही है। अत: यह तो युक्तिसंगत है कि हम इस बात को मानकर चलें कि चाहे हम कृतज्ञ हों या नहीं, यह स्पष्ट है कि वह अनंत जगत् हमें दिशा दिखाता है और छोटी-बड़ी बातों में मार्गदर्शन करता है।

अवसर, अवचेतन मन, समकालिकता, सार्वभौमिक अचेतनता, सामूहिक अचेतना की संकल्पना मानव और उससे जुड़े आध्यात्मिक रहस्यों की गुत्थी सुलझाने का एक प्रयास है। अभी भी इस सदियों पुराने प्रश्न का उत्तर अनुत्तरित है कि जीवन क्या है? जब मेरे पास समय होता है या मैं परेशान होता हूँ या फिर अब क्या करूँ? ऐसा प्रश्न मन में घुमड़ रहा होता है तो मन में सूक्ति दोहराता हूँ, 'शांत मन में ईश्वर का वास होता है।' यह पंक्ति इस विश्व फलक को देख याद दिलाती है कि इसका कोई एक संचालक है, जो मेरे साथ भी खड़ा है। हम सबको आश्वस्त हो जाना चाहिए कि वह सृजनकर्ता हर जीवन की हर एक छोटी चीज का खयाल करता है।

ब्रह्मांड की शक्ति का अनवरत प्रवाह

—डॉ. नेपोलियन हिल

''स्वर्ग ने किया ईश गायन, आकाश ने दिखाया हस्त कार्य'' (Psalm 19. v.1)। उत्साही भक्त डेविड ने भजन गाया। तारे और ग्रह कितने समय से सूक्ष्मतामापी की तरह कार्य करते हैं, संचालित होते हैं। न वे कभी आपस में टकराते हैं, न स्वयं की कक्षा से बाहर जाते हैं और सदियों से चल रहे हैं, मानो किसी की पूर्व परियोजना का हिस्सा हों। यदि किसी को उस अनंत शक्ति पर शक है तो उसे तारों और ग्रहों का अध्ययन करना चाहिए कि किस तरह सूक्ष्म और अचूक समय से वे निरंतर अपनी कक्षा में घूम रहे हैं।

उस अनंत शक्ति की और शानदार कृति है मानव मस्तिष्क, जो अंतरिक्ष तक पहुँच गया और कितने ही खगोलीय तथ्य ढूँढ़ निकाले और आनेवाली खगोलीय घटनाओं का क्रम भी बता दिया है।

इन सबके पीछे कोई-न-कोई नियम अवश्य होगा। प्रकृति और ब्रह्मांड नियमित व व्यवस्थित हैं। इनका नियम से चलना और उसकी विश्वसनीयता जीवन को सरल बना देती है। ब्रह्मांड और प्रकृति के सभी नियमों को न जानना आवश्यक है और न ही उनको अपने जीवन में प्रभावी बनाना। वे हमेशा चलते रहते हैं, चाहे उन्हें कोई समझे या नहीं।

❑

सप्ताह–9

जब आपको कभी अगला सुअवसर पुस्तक पढ़ने का मिले तो याद रखिए कि अच्छी पुस्तकें हमारी कल्पना-शक्ति को चालना दे सकती हैं। एक बार यदि हमारी कल्पना-शक्ति जाग्रत् हो गई तो जैसे नेपोलियन हिल ने कहा है, ''आपका मन-मस्तिष्क जिस बात को मान लेता है, विश्वास कर लेता है, उसे पा भी लेता है।''

—डॉन ग्रीन

आपने कभी पठन की प्रक्रिया की महत्ता को जाना है? नीचे दी गई परिचयोक्ति निश्चित ही हममें छुपे पाठक को प्रेरित कर सकती है—

— जो पढ़े, वह बढ़े।

— आज का पाठक, कल का संचालक।

— मन-मस्तिष्क का विस्तार करें, पुस्तकें पढ़ें।

— नए देश में करें प्रवेश, पुस्तकें पढ़ें और बनें विशेष।

मैं तो एक दिन भी बिना पढ़े अपने जीने की कल्पना नहीं कर सकता। वह मानो मेरा स्वभाव ही बन गया है। मैं पुस्तकें कई कारणों से पढ़ता हूँ—सीखने के लिए, मनोरंजन, यात्रा को सुखपूर्वक बिताने हेतु, सूचनाएँ एकत्र करने के लिए, कैसे करें? दूसरों के मन को जानने के लिए, अपने जीवन में सुधार हेतु और न जाने कितने ही अनगिनत कारणों के

लिए। कोई और कार्य इतने सकारात्मक परिणाम नहीं दे सकता, जितना कि पुस्तक-पठन।

जो पुस्तक मेरे विचारों में वृद्धि करे, उन्हें प्रगतिशील बनाए, ऐसी पुस्तक मैं दूसरों को भी पढ़ने की सलाह देता हूँ, ताकि उनका भी ज्ञानवर्धन और मनोरंजन हो। पुस्तकों के विस्तार और उद्‍देश्य की कोई सीमाएँ नहीं होतीं। वे शब्दों के रूप में शाश्वत रहती हैं। शब्दों के अतिरिक्त कुछ ऐसा नहीं, जो हमें सदियों पीछे ले जाकर बुद्धिमान व्यक्तियों से मिलवाए और परिष्कृत मस्तिष्क से परिचय करवाए। लेखकों के भाव व विचार उस भविष्य तक जाएँगे, जहाँ हम कभी पहुँच नहीं पाएँगे। पढ़ना उस 'टाइम कैपसूल' और 'रॉकेट शिप' की तरह है, जो कितनी सदियों को शब्दों के रूप में हमारे समक्ष ले आती है। आपको ही निर्णय लेना है। यह सच है कि काल के प्रतिबिंब के दो सिरे मजबूत नींव देते हैं और कल्पना-शक्ति। जड़ें और पंख—दोनों ही अच्छी पुस्तकें पढ़ने का परिणाम हैं।

हाल ही में आपने कौन सी पुस्तक पढ़ी स्वयं के सुधार हेतु—रामचरितमानस? बच्चों की कोई पुस्तक, पाक शास्त्र से संबंधित, काल्पनिक कहानी से संबंधित या कोई और, जो आपकी रुचि की हो? विकल्प अनेक हैं।

एक अच्छा वाचक पुस्तकों में ही मनोरंजन पाता है। पुस्तकें आपको अंतहीन एवं विविध क्षेत्रों से परिचित कराती हैं और बहूद्‍देशीय कार्य कर जाती हैं; लेकिन जब तक उन पुस्तकों के लेखक व लेखिकाओं से जुड़ेंगे नहीं, उनकी विविध पेशकश समझना मुश्किल है। पठन का अर्थ केवल शब्द समझना नहीं है और न ही भारी-भरकम शब्दों की प्रशंसा करना है; बल्कि यह वह प्रक्रिया है, जो आपके मस्तिष्क को चिंतन देती है और लेखक एवं स्वयं के चिंतन व रुचि को समझने तथा सम्मान देने के लिए प्रेरित करती है।

मेरे बॉस डॉन ग्रीन, 'नेपोलियन हिल फाउंडेशन' के निदेशक, अतिथि

स्तंभ लेखक, जिनका जन्म-दिवस 1 मार्च को आता है, उत्साही वाचक हैं। उनके स्तंभों में कई बार उनके स्वयं के पठन के अनुभवों का लेखा-जोखा होता है कि किस तरह से पुस्तकें मनोरंजन करती हैं। हालाँकि मेरी और उनकी रुचि के क्षेत्र अलग हैं, किंतु हम एक-दूसरे से पुस्तक अदला-बदली करने का अवसर नहीं चूकते। इससे हम एक-दूसरे से विचार-विनिमय कर लेते हैं। डॉन ने मुझे आश्वस्त किया है कि जिनके घर में पुस्तकें होती हैं, वे निश्चित ही आर्थिक, सामाजिक व मानसिक रूप से ज्यादा संपन्न होते हैं, बजाय उनके, जो घर में ज्ञान-वृद्धि के लिए पुस्तकें रखना पसंद नहीं करते। बिना पुस्तकों का घर ऐसा लगता है मानो उत्साह व जीवन-विहीन हो। क्यों नहीं एक पुस्तक उठाकर आधा घंटे के लिए उसमें खो जाते। ऐसा एक महीने लगातार कीजिए, फिर विश्लेषण कीजिए कि क्या पाया? ऐसे पढ़ना अच्छा नहीं लगता तो बच्चे के लिए पढ़िए। पुस्तकालयाध्यक्ष भी आपकी रुचि की पुस्तक ढूँढ़ने में आपकी सहायता कर सकते हैं। इस प्रकार आप स्वयं का कौशल विकास कर सकते हैं और आजीवन अमीर बने रह सकते हैं।

पुस्तक कैसे पढ़ें?

—डॉ. नेपोलियन हिल एवं डब्ल्यू. क्लीमेंट स्टोन

आत्म-विकास की पुस्तकें पढ़ने की भी एक कला है। आप जब पढ़ें तो एकाग्रता से और इस कल्पना के साथ कि लेखक आपका प्रिय मित्र है और आप अकेले। लेखक ने आपके लिए ही पुस्तक लिखी है।

याद कीजिए, अब्राहम लिंकन किस प्रकार पुस्तक पढ़ने के बाद चिंतन करते थे, ताकि वे पुस्तकों में दिए गए सिद्धांतों को अपने अनुभवों से जोड़ आत्मसात् कर सकें। इस उदाहरण का अनुसरण करना अक्लमंदी कहलाएगी।

जब आप आत्म-विकास की पुस्तक खरीदें तो पहले सोच लें कि किस प्रकार की पुस्तक खरीदनी है। यदि आप सचमुच किसी पुस्तक से प्रेरित हो जीवन में वे सिद्धांत अपनाना चाहते हैं तो निश्चित ही उस पुस्तक को खरीदने में देर न करें। ऐसी पुस्तक उपन्यास की तरह नहीं पढ़ी जाती। मॉर्टीमर J. Adlerin 'हाउ टू रीड ए बुक' में एक निश्चित तरीके से पुस्तक पढ़ने पर जोर देते हैं।

प्रथम चरण : साधारण विषय पढ़ें

इस प्रथम पठन को तेजी से पढ़ने में लगाएँ। पहले यह जान लें कि विषय क्या है। महत्त्वपूर्ण शब्द व वाक्यांशों को रेखांकित कर लें। हाशिए पर टिप्पणियाँ और विचार लिख लें, जो आपके मन ने आएँ। निश्चित ही ऐसा कार्य हम अपनी खरीदी हुई पुस्तक के साथ कर सकते हैं। ऐसी टिप्पणियाँ और भाव लिखने पर वह पुस्तक हमारे लिए और बहुमूल्य हो जाती है।

द्वितीय चरण : विशेष सूचना के लिए पढ़ें

दूसरी बार महत्त्वपूर्ण सूचनाओं को एकत्रित करने के लिए पढ़ें। इस बात का विशेष ध्यान रखें कि महत्त्वपूर्ण बातों को समझें और यदि पुस्तक कोई नया विचार व्यक्त कर रही हो तो उसे तुरंत पकड़ लें।

तृतीय चरण : भविष्य के लिए पढ़ें

तीसरी बार केवल याद रखने के लिए पढ़ें। वे संपूर्ण अनुच्छेद, जो आपके लिए मायने रखते हों, याद ही कर लीजिए। यदि जीवन में किन्हीं मुश्किलों का सामना कर रहे हों तो पुस्तक में दिए गए विचारों व सूचनाओं से संबंध बनाने का प्रयास करें। पुराने व घिसे-पिटे विचारों को छोड़ नए विचारों को लाने का प्रयास करें।

चतुर्थ चरण : अपनी स्मृतियाँ ताजा करने तथा प्रेरणा के लिए पढ़ें

एक विक्रेता के बारे में एक प्रसिद्ध कहानी है, जिसमें ये शब्द सर्वाधिक प्रभावकारी रहे हैं, ''मुझे जरा वस्तुएँ बेचने के नुस्खे दुबारा बताइए। मैं अपने कार्य में अत्यधिक हतोत्साहित हो रहा हूँ।'' अपने मालिक के समक्ष खड़े होकर यह बात कहना कार्य के प्रति सेल्समैन की लगन भी दिखाता है। हम समय-समय पर स्वयं को हतोत्साहित पाते हैं। ऐसे में हमें उन पुस्तकों को दुबारा पढ़ना चाहिए, जिन्होंने कभी हममें किसी प्रेरणा कर संचार किया हो।

❑

सप्ताह—10

मुझे डॉ. हिल के वाइज कंट्री के दिन याद आते हैं। अपनी विमाता के प्यार और उनके जीवन को देखने के प्रति दृष्टिकोण ने डॉ. हिल का जीवन सदा के लिए परिवर्तित कर दिया। हम सकारात्मक दृष्टिकोण के कारण कितना परिवर्तित हो सकते हैं?

—एना लॉरा क्वेसदा

हम इस बात को निश्चित तौर पर कभी नहीं कह सकते कि हमारी सकारात्मक क्रियाशीलता किसी दूसरे के जीवन में कोई अंतर ला पाएगी। इस बात की केवल आशा ही की जा सकती है। शिक्षक होने के नाते मैं यह निश्चित रूप से कह सकती हूँ कि छात्र कक्षा में सीखने से ज्यादा हाजिरी और उस कक्षा में उत्तीर्ण होने के उद्देश्य से आते हैं; किंतु ऐसे भी छात्र थे, जिन्होंने उस विषय व पाठ को समझा और अपने जीवन में जो चाहा, वह किया और अत्यंत सफल भी हुए। यह कहना मुश्किल है कि ऐसी किस बात ने उनके जीवन को इतना प्रभावित किया होगा।

मुझे उस मछली (स्टार फिश) की कहानी याद आती है, जो याद दिलाती है कि हम किसी के जीवन में कैसे परिवर्तन ला सकते हैं। यदि हम किसी के जीवन में सुखद परिवर्तन ला सकते हों तो इससे अच्छा कोई उपहार नहीं। हम हर एक के जीवन में परिवर्तन नहीं ला सकते; किंतु एक के जीवन में लाना भी बड़ी बात है, जैसे कि उस मछली की

कहानी में बताया गया है। स्वयं से प्रश्न पूछिए कि आपके जीवन की वे मछलियाँ कहाँ हैं—घर पर, कार्यालय में, समुद्र किनारे? हममें से हर एक के लिए अलग मछली होगी। समानता केवल इतनी है कि यदि हम प्रयास करें तो किसी के जीवन को छू सकते हैं, उसे खुश कर सकते हैं। चाहे वह मुसकान से, प्यार से 'हेलो' कहकर या किसी के निजी जीवन में दखलंदाजी न करके और जब हमारी मछली को अपना समुद्र मिल जाएगा तो हम स्वयं पर गर्व महसूस करेंगे कि हमने किसी को छोटा सा ही सही, गिफ्ट तो दिया।

मछली की कहानी

एक दिन एक आदमी समुद्र किनारे घूम रहा था, जब उसने देखा कि एक लड़का बार-बार कुछ उठा रहा है और हौले से समुद्र में फेंक रहा है।

लड़के के पास जाकर उस आदमी ने पूछा, "तुम क्या कर रहे हो?"

लड़के ने जवाब दिया, "मैं मछली को पानी में वापस डाल रहा हूँ, नहीं तो वह मर जाएगी।" आदमी ने कहा, "बेटा, क्या तुम नहीं जानते कि समुद्र के किनारे तो हजारों की संख्या में स्टारफिश (मछली) हैं। तुम क्या बदलाव ला पाओगे, कितनों को बचाओगे?"

सुनने के बाद लड़के ने झुककर दूसरी मछली उठाई और समुद्र के पानी में डाल दी। फिर आदमी की तरफ देख मुसकराते हुए बोला, "मैं बदलाव ला पाया ना, उस एक के जीवन में!"

लोगों के लिए अपनापन

—डॉ. नेपोलियन हिल

जितने भी लोग कुत्तों के स्वभाव के बारे में जानते हैं, वे यह अवश्य जानते हैं कि कुत्ते बहुत जल्दी पहचान जाते हैं कि व्यक्ति उन्हें पसंद करता है कि नहीं और वे (कुत्ते) जता भी देते हैं।

मनुष्य भी अधिकतर कुशाग्र बुद्धि के होते हैं। वे थोड़ी सी जान-पहचान से जान लेते हैं कि कौन दूसरे लोगों को पसंद करता है। स्वाभाविक है कि लोग उसी की तरफ आकर्षित होंगे, जो दूसरों को पसंद करता है और उससे दूर भागेंगे, जिसे लोग पसंद नहीं।

प्रतिशोध का नियम अनवरत रूप से चलता रहता है, जिससे लोग केवल औरों के कर्मों के लिए ही नहीं, हावी होने के मानसिक दृष्टिकोण को आँककर उनके प्रति प्रेम या तिरस्कार का भाव अचूक निश्चितता से करते हैं।

इसलिए यह बात अटल सत्य है कि जो दूसरों को नापसंद करेगा, उसे सभी नापसंद करेंगे और जिन्हें लोग पसंद हैं, उन्हें सभी पसंद करेंगे। पारेंद्रिय ज्ञान (Telepathy) के नियम के अनुसार हर एक मस्तिष्क दूसरे मस्तिष्क से किसी निश्चित सीमा में संपर्क कर लेता है। जो व्यक्ति अपना व्यक्तित्व मनमोहक बनाना चाहता है, उसे न केवल अपने शब्दों व कार्यों का ध्यान रखना पड़ेगा, बल्कि अपने विचारों पर भी नियंत्रण रखना पड़ेगा।

❑

सप्ताह—11

जीवन में मन-बहलाव, मन-बहकाव और निराशा का आना तो निश्चित है। जब ऐसी घटनाएँ होती हैं तो विचार-शक्ति की स्पष्टता धुँधली पड़ जाती है। यही सबसे उचित समय है अपने विचारों को नियंत्रित करने का और इस बात पर ध्यान केंद्रित करना कि हमें जीवन से क्या चाहिए और जीवन में महत्त्वपूर्ण क्या है। दूसरे शब्दों में, अपने मन-मस्तिष्क में उपज रहे नकारात्मक विचारों को निष्कासित कर दीजिए।

—डैन योविच

हम अपने जीवन के लक्ष्य नियंत्रित एकाग्रता के माध्यम से आसानी से प्राप्त करने की ओर अग्रसर होते हैं। छोटे से बड़े उद्देश्य, सभी उद्देश्य ध्यान से, एकाग्रता से कार्य करने पर मनचाहा आकार पा लेते हैं। आवश्यकता है तो एक समय पर एक कार्य करने की।

कई बार जीवन में जबरदस्त चुनौतियाँ आती हैं। हाथ में लिया गया कार्य कठिनाइयों का अनुलंघ्य समुद्र दिखाई देता है। कई लोग दूसरों के जीवन में बाधा डालनेवाले, निष्क्रिय और शाब्दिक व लाक्षणिक अर्थों में दुर्गंध-युक्त तक हो जाते हैं। इकट्ठा हुआ पानी बदबू देता है। लंबी नींद में सोनेवाले पशु बीमार हो जाते हैं। जो अपनी नौकरियों को जिम्मेदारी से न करके आराम करते हुए पूरी करते हैं, अकसर देखते हैं कि उनके सहकर्मी प्रगति की ओर निकल पड़े। वे लोग आश्चर्यचकित हो जाते हैं

कि अचानक यह कैसे हुआ। शायद ही वे कभी यह जान पाते हैं कि किस प्रकार एकाग्रता के अभाव में उनके सामर्थ्य का पूरा उपयोग नहीं हुआ। अब वे परिणाम देख रहे हैं।

जब मैं बहुत परेशान होती हूँ और मुझे मार्गदर्शन की आवश्यकता होती है, तब मैं स्वयं से प्रश्न करती हूँ कि अगला कार्य ऐसा क्या हो सकता है कि मैं परिवर्तन ला पाऊँ? मैं अपने मस्तिष्क द्वारा बताए गए रास्ते पर चल पड़ती हूँ और एक-एक कार्य पूरा करते हुए आगे बढ़ती जाती हूँ। यह चाहे सफल होने का सूत्र भले ही न हो, पर यह जरूर दरशाता है कि हम अपने जीवन को अपने अनुसार जी रहे हैं और हाथ के समय पर हमारा नियंत्रण है। ऐसी प्रक्रिया में से गुजरते हुए एक बात का अहसास जरूर होगा कि हममें उत्साह का संचार हो गया है और हम अपने कार्य को हर बार ठीक से कर पाएँगे, चाहे वह बरतन धोने, फर्श साफ करने, कागजात अलग करने या टैक्स भरने का कार्य हो। जब हम यह देखेंगे कि सुखद परिणाम दूर नहीं, तो हमारा दृष्टिकोण भी सकारात्मक होता जाएगा। आपका कार्य इस दृष्टिकोण के कारण पूरा होता जाएगा। सुनने में आसान लगता है न! आसान ही है।

थॉमस अल्वा एडीसन कहते हैं, ''जब मनुष्य किसी भी समस्या का समाधान ढूँढ़ने का प्रयास करता है तो पहले विरोध का ही सामना करना पड़ता है। किंतु यदि आप हल ढूँढ़ते ही रहें तो मिल भी जाएगा।''

सीमाएँ आत्मारोपित (खुद तय की गई) होती हैं। खुद के मालिक बनें और दुनिया पर राज करें।

नियंत्रित ध्यान

—डॉ. नेपोलियन हिल

यह अत्यधिक स्वाभाविक है कि जब आप स्वेच्छा से किसी लक्ष्य

पर अपना ध्यान केंद्रित करते हैं और वह लक्ष्य सकारात्मक होता है तो इस तरह आप अपने अवचेतन मन को रोज की विचार-प्रक्रिया द्वारा उस उद्देश्य को प्राप्त करने हेतु करने के लिए प्रेरित करते हैं। जैसा कि पहले भी कहा जा चुका है कि आपके विचारों पर, चाहे सकारात्मक हों या नकारात्मक, अवचेतन मन उसी समय कार्य करना शुरू कर देता है और विचारों को भौतिक स्तर पर समतुल्य आकार देने की कोशिश करता है।

नियंत्रित ध्यान 'स्वचालित सलाह' के नियमों के अनुसार प्रयोजन पर सकारात्मक अनुप्रयोग करता है। जरूरत पड़ती है तो बस, ध्यान केंद्रित करने की।

नियंत्रित व अनियंत्रित ध्यान में काफी अंतर है। एक में आप अपने मन-मस्तिष्क को उन विचारों से पोषित करते हैं, जो आपको इच्छित परिणाम देते हैं और दूसरे में, असावधानी से अपने मस्तिष्क को उन विचारों पर पोषित होने के लिए छोड़ देते हैं, जो अनिच्छित परिणाम देंगे।

हमारा मन-मस्तिष्क कभी भी निष्क्रिय नहीं होता, नींद में भी नहीं। वह प्रभावों (जो उस तक पहुँचते हैं) की प्रतिक्रिया पर कार्य करता है। इस तरह से नियंत्रित ध्यान का प्रयोजन आपके मस्तिष्क को उन विचारों में व्यस्त रखना है, जो आपकी इच्छाओं के मुख्य केंद्र को पाने में सहायता करें।

❑

सप्ताह—12

पूर्णोचित। यह केवल खेल ही नहीं, जीवन का भी सिद्धांत है। स्वयं के लिए पूर्णोचित ढूँढ़ना आसान नहीं। उसके लिए नए-नए क्षेत्रों की खोज और उनमें अपने सामर्थ्य की परीक्षा भी करनी पड़ती है। उसके लिए साहस, परीक्षण, असफलता, निराशा, चकनाचूर होना और परीक्षा की ज्वाला में जलना पड़ता है, तब जाकर राधा को श्रीकृष्ण मिल पाते हैं या कुरुक्षेत्र का युद्ध जीता जा सकता है।

—एलिजाबेथ बारबर

मानसिक सजगता और लचीलेपन के स्वभाव से एक सकारात्मक वातावरण की निर्मिति संभव हो पाती है और मनुष्य सफलता के द्वार खोल जीवन में सुखी होता है। ये अवसर उसके जीवन क्षितिज पर अनपेक्षित रूप से प्रकट होते हैं और ये अनपेक्षित, किंतु सुखद घटनाएँ जीवन के अस्तित्व का नक्शा ही बदल देती हैं। जिंदगी बहुत से उपहार आपको तब देती है, जब आप हर तरह उसे ग्रहण करने के लिए तैयार हों।

मैं अभी तीसरे अंतरराष्ट्रीय नेपोलियन हिल कन्वेंशन, क्वालालंपुर, मलेशिया से आ रही हूँ। अखबार के लिए स्तंभ लिखते समय मुझे इस सम्मेलन के प्रमुख वक्ता श्री दीपक चोपड़ा की याद हो आई, जिन्होंने अपने प्रस्तुतीकरण में सभी की चेतना को एक ऊँचे स्तर पर ले जाने का अति विशिष्ट कार्य किया। 'नेपोलियन हिल एसोसिएट्स की संस्थापक

व अध्यक्ष क्रिस्टीना शिया ने इस कार्यक्रम के आयोजन व प्रचार की जिम्मेदारी ली। बदलाव के कारक तत्त्व के रूप में और नवीनीकरण लाने की इच्छुक क्रिस्टीना द्वितीय है।'

प्रवक्ता के रूप में हम कई लोग शिकागो से क्वालालंपुर इस कार्यक्रम में साथ ही यात्रा कर रहे थे। हमारे साथ ऊँचे कद के टॉम कनिंघम अपनी पत्नी किम के साथ थे। अपनी विकलांगता के कारण टॉम के लिए प्रवास कठिन था; पर चूँकि उसने वादा किया था, इसलिए टॉम न अपने जीवन की कहानी सम्मेलन के सभी सहभागियों को सुनाई। उसके (टॉम) भाषण के बाद सभी ने खड़े होकर तालियाँ बजाईं तथा सराहना की। उसका विशेष सम्मान भी किया गया। टॉम ने प्रशंसा और कृतज्ञता को पीड़ा का स्थान दिया और जब तक भाषण समाप्त नहीं हुआ, वह अपनी पीड़ा को सहन करता रहा। टॉम के लिए यह दौरा सहन-शक्ति की परीक्षा था, क्योंकि शारीरिक रूप से स्वयं को काफी जोर लगाना पड़ रहा था। चलना, यात्रा करना उसके लिए आसान नहीं था। उसकी अच्छाई का नतीजा उसे एक अवसर से मिला। घर की ओर जाने के लिए हवाई अड्डे पर विमान की प्रतीक्षा करते हुए उसने अपना इ-मेल देखने की सोची। जानते हैं, उस इ-मेल में उसे क्या मिला? न्योता।

चूँकि टॉम ब्रह्मांड से मिलनेवाले उपहार के लिए तैयार था, उसे उसी वर्ष सितंबर में मलेशिया में वक्ता के रूप में बुलाया गया था। उसने जब मुझे यह खबर सुनाई तो उसकी आँखों में एक अलग ही चमक और होंठों पर हास्य था। दीपक चोपड़ा ने कार्यशाला (Workshop) में बार-बार कहा था कि संयोग तब बनता है, जब अवसर और तैयारी जुड़ जाते हैं। यही टॉम के साथ हुआ। वह स्वयं को सुअवसर के लिए तब से तैयार कर रहा था, जब उसने फाउंडेशन से 'लीडर सर्टिफिकेशन कोर्स' किया, वापस फाउंडेशन का प्रशिक्षक बनकर आया और जब अपने संपादकीय हुनर का उपयोग प्रूफ संशोधक के रूप में किया और वह भी बिना मूल्य

लिये। उसने कई लोगों की मदद की तथा मार्गदर्शन किया और सृष्टि ने उसे उसके सपनों से मिलने को तत्पर करने की परिस्थितियों का निर्माण किया। उसे केवल अपना कार्य करते हुए तैयार रहना था और जगत् की योजना को उसके अनुसार कार्य करने देना था। 'हाँ' ही उसका जवाब था।

जब आप खुशी से ग्रहण करने को तैयार होते हैं, सृष्टि आपकी सफलता के लिए द्रुतगामी मार्ग खोल देती है। फिर भी, अगर आपके मार्ग में कठिनाइयों के चक्र व स्वप्न साकार के निर्माण कार्य में बाधा आ रही हो तो भी उसकी प्रतिक्रिया खुशी भरी 'हाँ' में दीजिए। यह सोचकर झिझकिए मत और परिस्थिति की तर्कसंगत व्याख्या मत कीजिए कि जो आप चाहते हैं, वह क्यों नहीं हो पाएगा। बातों व कार्यों को टालिए मत।

जैसे-जैसे ब्रह्मांड की योजना आपके समक्ष आती जाएगी, वैसे-वैसे आपको मिले हुए अवसर के पीछे के कारण समझ में आने लगेंगे। टॉम इस बात का जवाब ज्यादा अच्छे से दे पाएँगे।

लचीली मानसिकता

—डॉ. नेपोलियन हिल

सकारात्मक मानसिकतावाला व्यक्ति न केवल दयालु, रुचिकर व परोपकारी होगा, बल्कि उसकी मानसिकता में सुनम्यता (Flexibility) होगी। वह आसपास के लोगों से मधुर संबंध स्थापित करेगा। यदि वह दूसरों के दृष्टिकोण में रुचि दिखाएगा तो उसके विचार और भावों का सम्मान भी करेगा, चाहे उसके विचार कितने ही भिन्न क्यों न हों।

लचीली मानसिकता का अर्थ है—दूसरों के दृष्टिकोण, भावनाओं व विचारों को समझकर उनसे सहानुभूति रखना। यही नहीं, दूसरों के तरीकों और सोच का सम्मान करते हुए मैत्रीपूर्ण भाव रखना। इसका अर्थ यह कदापि नहीं कि मानसिक लचीलापन प्राप्त करने हेतु हर नए विचार के साथ अपना

भी नजरिया बदल दें। बिल्कुल नहीं। ऐसा करनेवाला व्यक्ति तो बिना आत्म-सम्मानवाला व्यक्ति कहा जाएगा और ऐसा व्यक्तित्व आकर्षक भी नहीं होगा। संक्षेप में, लचीली मानसिक प्रवृत्ति उसे कहा जा सकता है, जो दूसरों को समझे, सहानुभूति रखे, सुसंगत व्यवहार रखे, जिससे उनकी कल्पनाएँ, शैलियों व रीति-रिवाज को जानते हुए दूसरों से मधुर, सफल और अच्छे संबंध स्थापित किए जा सकते हैं और उनके साथ जीवन के अच्छे क्षण भी बिताए जा सकते हैं।

एंड्रयू कार्नेगी के अनुसार, ''लचीलेपन के कारण ही चार्ल्स एम. स्कवॅब अच्छे विक्रेता (सेल्समैन) के रूप में विख्यात हुए। चार्ल्स एक क्षण में गली के बच्चों के साथ कंचे खेलते नजर आते तो दूसरे क्षण ऑफिस की मीटिंग के लिए जाते हुए उच्च अधिकारी के रूप में, जहाँ वे करोड़ों का व्यापार करने के लिए तमाम निर्णय लेते हुए नजर आते।''

एक सेल्समैन के जीवन में अनुभवों की लंबी कड़ी होती है, जहाँ वह स्वयं को उन सभी लोगों के मन में उतार लेता है, जो उसके व्यावसायिक, सामाजिक या निजी संपर्क में आते हैं। जो इस लचीली मानसिकता से औरों से मैत्रीपूर्ण संबंध नहीं बना पाता, वह कभी आकर्षक व्यक्तित्व नहीं बना सकता।

❑

सप्ताह–13

हमारा व्यक्तित्व ऐसा क्षेत्र है, जिस पर हम नियंत्रण कर उसे मनमोहक बना सकते हैं। व्यक्तित्व ही हमारी सबसे बड़ी उपलब्धि या कमजोरी बन सकता है। हम चाहे किसी से भी मिलें, हमारा व्यक्तित्व लुभावना होना चाहिए। यही नहीं, वह उदारमना व स्थायी होना चाहिए। स्वयं को आवश्यकता से अधिक सीमित रखना या दूसरों को शरीर के रंग (गोरा या काला), धर्म, जाति या देश के आधार पर आँकना आपकी अंदरूनी विषमता का परिचायक है और इस विषमता से आपको उबरना होगा।

—इकबाल अतचा

'दूसरों को सुनना' एक कला कौशल है, जो निश्चित ही दुनिया बदल सकता है और बदलता है। हर एक व्यक्ति चाहता है कि दूसरे उसको सुनें; पर हममें से कितने हैं, जो दूसरों को सुनने के उत्सुक हैं? क्या हम दूसरों की सुनते हुए बीच में ही अपने विचार, ग्रंथियाँ और सलाहें देने लगते हैं या दूसरों के अनुभव सुनकर हम कुछ सीखने का प्रयास करते हैं? हममें से कोई भी सर्वज्ञ नहीं। हम सुनकर ही सच्चे अर्थों में मानव कहला सकते हैं और ब्रह्मांडीय अनुभव एक-दूसरे से बाँट सकते हैं।

नेपोलियन हिल ने 'सहनशीलता' पर भी लिखा। हमें सहनशील

होने के लिए दूसरों के जीवन को उनकी दृष्टि से देखने का प्रयास करना चाहिए। इस बात को स्टार ट्रेक धारावाहिक के दूर संवेदन ज्ञान की, की गई कल्पना के आधार पर आसानी से समझा जा सकता है। कल्पना कीजिए ऐसे विश्व की, जहाँ हम दूसरों से अनुभव और विचार मस्तिष्क से मस्तिष्क में बाँट सकें। शायद यह तकनीक हमें शांति की ओर ले जाए—अंतर्बदल। किसी और की परिस्थिति और समय को समझकर हम स्वयं को नए दृष्टिकोण का उपहार देते हैं। यह उपहार न केवल हमारे विश्व का विस्तार करता है, बल्कि नए नजरिए और नई विचारधारा से हमें पोषित भी करता है, जिससे जीवन में नई संकल्पनाओं का जन्म होता है। यह कला हमें स्थानापन्न रूप से, अप्रत्यक्ष रूप से सर्जनात्मकता की ओर ले जाती है। जब हम किसी नाट्य गृह में बैठ संगीत या किसी प्रस्तुति का आनंद ले रहे होते हैं तो हम स्वयं को उस कला का उपहार दे रहे होते हैं। हम कोई भी प्रस्तुति देख या सुन रहे हों, चाहे दृश्य, श्रव्य या शारीरिक गतिविधियों की—जैसे खेल या व्यायाम—यह हमें निर्धारित करना होता है कि उसे आत्मसात् करें या नहीं। यह भी सहन-शक्ति बढ़ाने और स्वयं में नवीनीकरण लाने का तरीका है।

सहनशीलता/सहिष्णुता

—डॉ. नेपोलियन हिल

सहिष्णुता मनुष्य की ऐसी प्रवृत्ति है, जिसमें मनुष्य दूसरों के दृष्टिकोण, आदतों और विश्वासों को धैर्य से अपना लेता है, चाहे वे उसके स्वयं के विचारों, प्रवृत्तियों और विश्वासों से भिन्न ही क्यों न हों। दूसरे शब्दों में, उदारमना बने रहना ही सहिष्णुता है।

सहनशील व्यक्ति खुले विचार रखते हुए नए और विविध तथ्य तथा ज्ञान प्राप्त करने को सदैव उत्सुक रहता है। वह हर विषय में दिलचस्पी रखता है।

इसका अर्थ यह नहीं कि वह इन तथ्यों या ज्ञान को अपना समझकर संतुष्ट हो जाए। उसे चाहिए कि उन सूचनाओं का विश्लेषण कर उन्हें गंभीरता से समझने का प्रयास करे तथा विश्लेषण के बाद ही किसी निष्कर्ष पर पहुँचे।

दूसरी तरफ, असहिष्णुता व्यक्ति के हर मामले में एक निश्चित राय होती है। ऐसा व्यक्ति अधिकतर अपना दृष्टिकोण सुस्पष्ट रूप से अभिव्यक्त तो कर देता है; पर यह अनुमान लगाकर चलता है कि जो उसके मत से सहमत नहीं होंगे, वे गलत ही होंगे। यह आदत व्यक्ति को कभी लोकप्रिय नहीं होने देती। मनुष्य स्वभाव जो बात बिल्कुल पसंद नहीं करता, वह है अपने विचारों को सामने वाले व्यक्ति द्वारा तिरस्कृत किया जाना।

असहनशीलता निश्चित ही व्यक्ति के विचारों का उपयुक्त प्रयोग होने के विशेषाधिकार से रोकती है और दूसरों के अनुभवों से सीखने में बाधक बनती है। लोगों का सहयोग मिलने के बजाय उनसे दूर कर देती है, साथ में दुश्मनी और बढ़ा देती है, जो कि वास्तव में मित्रता हो सकती थी। यह मस्तिष्क के विकास में बाधा बनती है और मनुष्य ज्ञान-पिपासु नहीं रहता। वह कल्पनाओं को भी पनपने नहीं देती। असहिष्णुता सत्यता, विचार-शक्ति व तार्किकता से भी दूर करती है।

❑

सप्ताह–14

यदि आपको दौलत हासिल करनी है तो जरूरी है कि हम अपने आसपास मददगार प्रभावों को एकत्र होने दें, संस्कार व संस्कृति का वातावरण सुनिश्चित करें, उन सकारात्मक प्रेरणाओं व प्रचुरताओं में स्वयं को रखें और समृद्धि की ओर अग्रसर हों।

—ग्रेग स्वानसन

किसी में आशा कैसे जगाई जा सकती है? वह तो इतनी सूक्ष्म होती है, तितली पकड़ने जितनी दुर्ग्राह्य, अमावस की रात में काली बिल्ली ढूँढ़ने जैसी। इसका उत्तर 'हाँ' भी है और 'न' भी। हम आशा को अपनी ओर आकर्षित करते हैं, जब हम 'तुम कर सकते हो' का सकारात्मक दृष्टिकोण अपनाते हैं। सकारात्मक ऊर्जा के उत्सर्जन से आशा हमारे पास अत्यंत उत्साह से पहुँच जाती है और हममें उत्साह का संचार हो जाता है।

हाल ही में मैं उत्तरी आयरलैंड गई थी। पहले दिन मैंने पालतू पशुओं को प्रकृति की सुंदरता में आनंदोत्सव मनाते देखा। मैं उन गायों के पास जाना चाहती थी। मुझे लगा मानो उन गायों ने एक–दूसरे को देखा और जल्दी से ऊपर की ओर के मैदान में सुरक्षित जगह चली गईं। मैं अपने को छोड़ा हुआ और अकेला महसूस कर रही थी, खासकर तब, जब मैंने उनकी आँखों में यह भाव देखा कि मैं उनके क्षेत्र में अतिक्रमण

कर चुकी हूँ, जो कि उनके चरने के लिए सुरक्षित स्थान था।

जहाँ पर मैं रुकी थी, उस ठिकाने की आखिरी दोपहर में मैंने गायों के दुबारा करीब जाने की सोची। इस बार दोबारा उन्होंने मुझे देखा, जब मैं हलके कदमों से धीमे स्वर में बात करती हुई उनकी तरफ बढ़ रही थी। वे मुझे पहचान चुकी थीं। वे हिलीं नहीं तो मैं थोड़ा और आगे बढ़ी। दोस्ती का इशारा देते हुए झुंड को छोड़ वे आगे बढ़ रही थीं। वे युवा और मूर्ख गायें होंगी, पर उत्सुक लग रही थीं। पाँच मिनट के भीतर ही बाड़े पर पंक्ति में तकरीबन 13 गायें एकत्र हो चुकी थीं। नई गायें भी आती जा रही थीं। शायद मेरे साथ वे सुरक्षित महसूस कर रही थीं। वे मेरे जीवन के अनमोल क्षण थे। मुझे 'सीटी स्लीकर्स' मूवी (सिनेमा) का आखिरी दृश्य याद आया और मूर्त रूप में प्रकृति की अच्छाई मुझे चारों ओर महसूस होने लगी।

मुझे और गायों दोनों को अहसास हो चला था। संकोच भुलाकर हम शांति और एकता के पल का आनंद ले रहे थे। वह निर्भय और सामूहिकता के क्षण का अनुभव कितना अच्छा था! आशा दुबारा नए रूप में जगाई जा सकती है और आशा को बढ़ावा देने से सुखद व शांति के संबंध कायम किए जा सकते हैं। एक कदम आगे बढ़ाकर तो देखिए, न जाने कौन आपके जीवन की राह से जुड़ आपको सच्चा धनी बना दे।

हम स्वयं ही यह सकारात्मक प्रभाव खुद के लिए उत्पन्न करने में अहम भूमिका अदा कर सकते हैं, पर आवश्यकता है तो पहला कदम लेने की। आइए, प्रयास करें।

प्रोत्साहित हों और दूसरों को भी करें

—डॉ. नेपोलियन हिल एवं डब्ल्यू. क्लीमेंट स्टोन

स्वयं को और दूसरों को चमत्कारिक तत्त्व के साथ प्रोत्साहित करें।

यह चमत्कारी उपादान है क्या? एक मनुष्य को यह चमत्कारी घटक प्राप्त हुआ कैसे? कहानी पढ़कर पता लगाइए।

कुछ वर्ष पूर्व एक व्यक्ति 65 वर्ष की उम्र में सफल प्रसाधन निर्माता के रूप में सेवानिवृत्त हुआ।

हर वर्ष उसके मित्र उसे जन्मदिन पर पार्टी देते और उसके सफल होने का रहस्य पूछते। वह हर बार विनम्रता से मना कर देता। उसके 75वें जन्म-दिवस पर उसके मित्रों ने फिर कुछ गंभीरता और मजाक में उसकी सफलता का राज पूछा।

"तुम सभी मित्र इतने वर्षों से मेरे साथ हो, आज मैं तुम्हें अपना रहस्य बताऊँगा। प्रसाधनों के बाकी उत्पादकों के सूत्रों के अलावा मैं एक चमत्कारी घटक का प्रयोग करता था।"

"कौन सा चमत्कारी घटक?" किसी ने पूछा।

"मैंने कभी किसी स्त्री से यह वादा नहीं किया कि मेरे उत्पाद उसे सुंदर बनाएँगे; पर मैंने उनमें हमेशा आशा बनाए और जगाए रखी।"

वाकई आशा जादू कर देनेवाला घटक है। आशा ऐसी चाह होती है, इच्छा पूरी करने की उम्मीद रखती है और विश्वास दिलाती है कि वह चाह प्राप्य है, अर्थात् प्राप्त करने योग्य है। व्यक्ति उस बात के लिए सजग प्रतिक्रिया अवश्य देता है, जो विश्वसनीय, वांछनीय और प्राप्य हो।

अवचेतन मन से भी वह आंतरिक इच्छा के लिए कार्यरत रहता है और जब वातावरण, उसका अंतर्मन शक्ति से परिपूर्ण हो जाते हैं तो उसकी प्रतिक्रिया अधिक तीव्र हो जाती है।

हर परिणाम का कारण होता है। हमारा हर कार्य हमारी किसी मंशा का परिणाम होता है।

❑

सप्ताह—15

मैं चलती हुई समय की धारा के प्रवाह से अलग हट गया। नेपोलियन हिल का पोता होने के बावजूद मैं धारा-प्रवाह से अलग रहा। उनके शब्दों की सच्चाई का साक्ष्य होने के बावजूद अलग रहा। शायद रोजगार सुरक्षा ने मुझे बदलाव की जरूरत को महत्त्व नहीं देने दिया। अच्छी आय ने मेरा आत्म-विश्वास भी बढ़ा दिया था। शायद बदलाव की आवश्यकता महसूस ही नहीं हुई। मुख्यधारा के प्रवाह से हटने का मुख्य कारण शायद यह भी रहा हो कि मेरा कोई न दूरंदेशी लक्ष्य था और न ही कोई प्रबल इच्छा।

—जे.बी. हिल

परिवर्तन ही मनुष्य के क्रमिक विकास का कारण बना। बदलाव और नवीनीकरण के अभाव में विकास संभव ही नहीं। परिवर्तन के लिए यह जानना आवश्यक है कि हमें उसकी कितनी आवश्यकता है। शेक्सपीयर ने मनुष्य जीवन के सात चरणों का उल्लेख किया है, जिनको ध्यान से देखा जाए तो अहसास होगा कि ये परिवर्तन जीवन का नियम हैं। किंतु कइयों के लिए ये चरण आसान नहीं होते। उस बदलाव की आवश्यकता को पहचानना विकास को बढ़ावा देने से सीधा संबंधित है। यदि मनुष्य परिवर्तन से डरने के बजाय उसे अपना ले तो उसका यह सकारात्मक दृष्टिकोण उसे निराशा व कुंठा से बचा सकता है।

एमिली कॉ ने इस कथन की अभिपुष्टि की है, ''मैं हर रोज हर

तरह से बेहतर, और बेहतर होती जाती हूँ।'' यह कथन नेपोलियन हिल के इस कथन के समकक्ष रखा जा सकता है, ''जो हमारा मन-मस्तिष्क आत्मसात् कर ले, उसपर विश्वास भी कर ले तो उस लक्ष्य को आसानी से पाया जा सकता है।'' ये दोनों ही कथन स्वयं को अनुशासित व प्रेरित करने के लिए अत्यंत आवश्यक सिद्ध हो सकते हैं। विचारों में अत्यंत शक्ति होती है और जब वे कार्यान्वित किए जाएँ, तभी लाभकारी होते हैं। हर दिन बेहतर बनने के लिए आवश्यक है कि पहले यह जानें कि आपको सुधार की आवश्यकता कहाँ है? पर मात्र यह जान लेना ही काफी नहीं है। उसके बाद स्वयं को अनुशासित कर वह कार्य आरंभ कर दीजिए, जो आप करने की सोच रहे हैं।

विचार + क्रिया = सफलता।

क्रिया करने में अगर भावना को भी जोड़ दिया जाए तो नया मंत्र और भी शक्तिमान बन जाएगा, जिसे डॉ. नेपोलियन हिल मानसिक विस्फोटक (Dynamite) कहते हैं।

विचार + भावना-युक्त क्रिया = सफलता।

कोशिश करके देखिए

परिवर्तन को विकास के रूप में देखिए। स्वयं से पूछिए कि आप किस प्रकार का सुधार और सामर्थ्य संचार अपने में चाहते हैं। क्षेत्र विशेष को चुन लीजिए, फिर विश्लेषण कीजिए कि सुधार की आवश्यकता कहाँ है। अपने विचारों को शुद्ध भावों से, प्रबल चाह से कार्यों द्वारा साकार करने का प्रयत्न करेंगे तो अवश्य ही निजी स्तर पर सुधार होगा और आप स्वयं को ही जिम्मेदार ठहरा सकेंगे। आप ही के साथ सफलता की चाबी है। हमें प्रगति के रास्ते पर हमारे सिवाय कोई भी पीछे नहीं खींचता। स्वयं के लिए स्वयं को बाधा न बनने दें। यदि आपको अपने पर विश्वास होगा तो आप कार्य कर ही लेंगे।

क्या आप जीवन को निरुद्देश्य जिए जा रहे हैं?

—डॉ. नेपोलियन हिल एवं डब्ल्यू. क्लीमेंट स्टोन

जरा सोचिए। जरा सोचिए उन लोगों के बारे में, जो बिना किसी लक्ष्य के, असंतुष्ट, कई परिस्थितियों से संघर्ष करते हुए जीवन जीते रहते हैं। क्या आप अभी बता सकते हैं कि आपकी अपने जीवन से क्या अपेक्षाएँ हैं? अपने जीवन-लक्ष्य निर्धारित करना आसान नहीं। आत्म-परीक्षण करना त्रासद कार्य है; पर यह तकलीफदेह कार्य उचित सिद्ध होता है, जब हम अपने लक्ष्य पर पहुँच प्रसन्नता और फायदों से रू-बरू हो जाते हैं। आप अपने आप लाभान्वित होते ही हैं।

1. सबसे पहला फायदा होता है कि आपका अवचेतन मन ब्रह्मांड के नियमों के अंतर्गत कार्य करने लगता है। "आपका मन जिस लक्ष्य को आत्मसात् कर ले, उसे पाने पर विश्वास कर लें तो निश्चित ही आप पा भी लेंगे।" वह इसलिए, क्योंकि आप लक्ष्य को साकार होते देख लेते हैं, साक्षात् देख लेते हैं और यह आत्म-निर्देशन आपको अवचेतन मन की कल्पना से साक्षात् सच्चाई की ओर ले जाता है।
2. चूँकि आप जानते हैं कि आप क्या चाहते हैं, तो आप अनायास ही लक्ष्य के पथ पर चल पड़ते हैं और रास्ता बनता जाता है। आप क्रियाशील हो जाते हैं।
3. काम अब आपको अच्छा लगता है। उसके लिए आप हर कीमत देने को तैयार रहते हैं। आप समय व धन दोनों का सदुपयोग करते हैं। आप परिस्थितियों, संसाधनों व मुश्किलों का विश्लेषण करेंगे और योजना बनाएँगे। जितना लक्ष्यों के बारे में सोचेंगे, उतने ही उत्साहित रहेंगे और जितने उत्साहित रहेंगे, उतनी ही आपकी इच्छा प्रबल इच्छा में परिवर्तित होती जाएगी।

4. आपकी जागरूकता आपको सुअवसरों से अवगत कराएगी और अपने रोजमर्रा के जीवन के अनुभव आपको मिलेंगे। चूँकि आप जानते हैं कि आपको क्या चाहिए, आप इन अवसरों को पहचान लेंगे।

❑

सप्ताह—16

हमारा मस्तिष्क हमें हमेशा चेतावनी देता है। सच्चाई तो यह है कि हमारी बुद्धि खतरा टालने के कार्य में ज्यादा दक्ष होती है, बजाय उससे संबंधित इनामों को ढूँढ़ने की कोशिश करने के। 'डर' के भाव व तरीके से बुद्धि हमारा रक्षण करती है। दुर्भाग्य से वह उनके विरुद्ध भी कार्य करती है, जो सफलता पाना चाहते हैं। बिना खतरा उठाए और मन में डर रखे विजय पाना असंभव है। कुछ नहीं तो हम असफलता से उत्पन्न हुई घबराहट का सामना करने से डरते हैं। भय पर विजय पाना ही सच्चे अर्थों में सफलता है।

—जे.बी. हिल

अच्छी खबर यह है कि हम अपनी मानसिक कार्य-रचना बदल सकते हैं, क्योंकि हम कठोर नहीं, कोमल तारों से बने हुए हैं। यह यथार्थ हर उस पत्नी, पति, माता-पिता, बच्चा या मित्र—सभी के लिए आशा की किरण लाता है, जो अपने प्रियजन को बदला हुआ देखना चाहते हैं। अच्छाई के लिए बदलाव संभव है, केवल तभी, जब आप प्रवर्तन लाकर पूरा परिवर्तन लाएँ। विडंबना यह है कि आपके परिवर्तन के साथ-साथ दुनिया भी बदलती रहती है।

मुझे याद है, बचपन में हमारी अध्यापिका हमें सिखाती थीं कि किसी की ओर भी उँगली का इशारा करके बात करना गलत है। ऐसा

करते समय यह याद रखना जरूरी है कि जब हम किसी की ओर तर्जनी उँगली दिखाते हैं तो अन्य तीन उँगलियाँ हमारी ओर इशारा करते हुए याद दिलाती हैं कि हममें तीन गुना खामियाँ हैं। यह स्मरण रखने योग्य है कि जब हम चाहें कि वह व्यक्ति बदले तो आवश्यक होगा कि हम ही बदलें। अपवाद होंगे ही। जब हम आईने में देखते हैं तो अपना प्रतिबिंब देखते हैं। यह स्पष्ट संकेत है कि परिवर्तन स्वयं में लाने से शुरुआत करनी होगी।

हम सभी स्वयं में सीमित रह अपने अहंकार से जूझते रहते हैं। अनुशासनहीनता, स्वयं पर नियंत्रण की कमी, कमजोर कार्य नीति, नैतिक ह्रास से उपजी कमजोरियाँ आदि दुर्गुण किसी और के मत्थे भी मढ़े जा सकते हैं; पर अंत में वे हमें ही आँकेंगे।

समय हमें जरूरी बदलाव करने के अनेक मौके देता है। हमारा विकास हमारी जागरूकता पर निर्भर करता है। जैसे-जैसे हम सीखते हैं, हम ज्ञान और आयु में बड़े होते हैं। क्या ये सांत्वनादायक विचार नहीं हैं कि हम अपनी गलतियों से सीख सकते हैं, निजी सफलता का स्तर बढ़ा सकते हैं और केवल अपनी आदतें सुधारकर अपने सामर्थ्य को भी पहचान सकते हैं। मैं खुश हो सकूँगी कि मुझे जीवन ने कितने सारे अवसर दिए। शायद मुझे भी कई बार की कोशिशों के बाद स्वयं को सुधारने में सफलता मिले; किंतु अंत में यह तो गर्व होगा कि मैंने इतनी कोशिशों के बाद खुद का सुधरा हुआ व्यक्तित्व सबके सम्मुख रखा।

आदतों का राज

—डॉ. नेपोलियन हिल

ब्रह्मांड की वृहद् शक्ति आदत के अनुसार सभी मानवीय संबंधों को नियंत्रित और तय करती है कि कोई भी व्यक्ति अपने जीवन-क्रम में सफल होगा या असफल। प्रकृति अपनी इस शक्ति का प्रयोग माध्यम के रूप में करती है, जिसके कारण जीव-जगत् जीवन जीता है और प्रकृति का अंश बनकर जीवन बिताता है।

हम सभी आदतों से चालित होते हैं। आदतें दोहराए गए विचारों और अनुभवों से बनती हैं। यही कारण है कि हम अपनी भौतिक इच्छाएँ व भाग्य किसी हद तक अपने विचारों को अपने वश में करके बना सकते हैं। अभी तक यह स्पष्ट हो चुका है कि हमारे विचारों की गुणवत्ता एवं हमारा मानसिक दृष्टिकोण ही ऐसे क्षेत्र हैं, जिनको हम नियंत्रित कर सकते हैं।

हम अपने व्यवहार और कल्पना के आधार पर सोच का एक तरीका बना लेते हैं और ब्रह्मांड की शक्ति उसे अपने नियंत्रण में लेकर उसे स्थायी बना लेती है। (विचारों का स्थायी-अस्थायी होना आपके विचारों की प्रबलता पर निर्भर करता है) यह सोच का तरीका या प्रतिमान तब तक स्थायी रहता है, जब तक आप इसे दोबारा प्रतिस्थापित या व्यवस्था के क्रम में नहीं लगाते।

मनुष्य ही एक ऐसा प्राणी है, जो विकल्प की शक्ति से लैस है; जिसके द्वारा वह अपनी सोच, विचार और दृष्टिकोण को मनचाहे रूप में परिवर्तित कर सकता है।

जहाँ विश्व संचालक ने मनुष्य को अपने विचार-नियंत्रण का विशेषाधिकार दिया है, वहीं ब्रह्मांड ने उन विचारों को मूर्त रूप देने के लिए उसे वृहद् शक्ति से संबंध स्थापित करने का भी प्रबंध किया है। ब्रह्मांड की शक्ति मनुष्य को सोच व क्रिया के आदेश नहीं देती, बल्कि उसकी सोच व विचार को साकार करने का प्रयास करती है।

यदि आपके मस्तिष्क पर गरीबी के विचारों का प्रभुत्व होगा तो ब्रह्मांड का नियम उन्हीं विचारों को साकार रूप देगा और व्यक्ति मुफलिसी एवं अधूरी इच्छाओं से घिरा रहेगा। यही व्यक्ति अगर खुशी, संतोष, शांति और धन के विचारों में रहेगा तो ब्रह्मांड उन्हीं विचारों को मूर्त रूप देगा। मनुष्य अपने विचारों से सोच का प्रतिमान बनाता है; ब्रह्मांड उन प्रभुत्व हुए विचारों को केवल मूर्त रूप देता है।

❑

सप्ताह—17

किसी के लिए कुछ ज्यादा करना निजी पहलकदमी के अंतर्गत आता है। यदि मनुष्य के मन में स्वयं कुछ करने की प्रेरणा होगी तो वह अवश्य ही दूसरों के लिए कार्य करने में सफल रहेगा; पर वह पहला कदम उठाने की मंशा तो हो। किसी दूसरे के लिए आगे बढ़कर कार्य करना चाहिए कि नहीं, इसकी दुविधा भी आती है और कई लोग इसे आरोप के रूप में ले लेते हैं, खासकर जिन्हें पहली बार कुछ अधिक करने को कहा जाए। यह स्पष्ट करता है कि व्यक्ति में स्वतः प्रेरणा (Self-motivation) की कमी पाई जाती है।

—क्रिस्टोफर लेक

आप जीवन जीने का आगाज कर रहे हैं या खत्म। असल में आपको दोनों ही स्थितियों में रहना चाहिए। अधिकतर लोग उत्साह से जीना तो शुरू कर देते हैं, पर आगे नहीं बढ़ पाते और वहीं रह जाते हैं। जीवन में ऐसा करना ठीक नहीं। यदि आप अंतिम रेखा तक पहुँचने का प्रयास नहीं करेंगे तो कभी अपने सामर्थ्य को नहीं पहचान पाएँगे। लोगों में उत्साह की कमी नहीं होती, दृढ़ता की कमी होती है। वे निष्कर्ष के सुखद स्वप्न तो देख लेते हैं, परंतु योजनाबद्ध तरीके से कार्य करके उस अंत को साकार नहीं कर पाते। वे लड़खड़ाते हुए गिरते हैं तो उठ नहीं पाते। वे संघर्ष में ऊपर उठने की हिम्मत नहीं जुटा पाते। अगर ऊपर

लिखित बातों में से कोई भी आप पर लागू होती है तो डॉ. हिल द्वारा बताए गए जीवन-प्रवाह में आपके डूबने की संभावना अधिक है। केवल स्वतः प्रेरणा, निजी पहलकदमी—जो निर्भीक दृढ़ता से युक्त हो—से ही जीवन-प्रवाह में सफलता से आगे बढ़ सकते हैं।

कई लोग 'लीडर सर्टीफिकेशन' कोर्स में स्वयं का नाम दर्ज कराते हैं और तीन चरण का पाठ्यक्रम पूरा करने को कहते हैं; पर कुछ ही इस प्रक्रिया को पूरा कर पाते हैं। अधिकतर लोगों के जीवन में अचानक और प्राथमिकताएँ आ जाती हैं और वे इस कोर्स (Course) को छोड़ना ज्यादा आसान विकल्प समझते हैं, बजाय डटे रहने के। पैसा, समय, निजी संबंध—ये सभी कारण अपूर्ण कार्य के लिए वैध माने जाते हैं; जबकि असलियत यही है कि स्वतः प्रेरणा की कमी और नेतृत्व का अभाव ही कार्य अधूरे रह जाने का मुख्य कारण होता है। जीवन हम सभी के पास है, किंतु जयी वे ही होते हैं, जो दृढ़ विश्वास और धैर्य से अपने सपने पूरे करने में जुट जाते हैं। यश व गौरव के लिए साहस का होना आवश्यक है।

डॉ. हिल के शब्दों में, "मस्तिष्क बातों को आत्मसात् या सोखने की दृष्टि से निर्मित है। यह अपनी और अपनी जरूरतों के अनुसार बातों को अपनी ओर आकर्षित करता है, ठीक वैसे ही जैसे चुंबक अपनी ओर लोहे को।"

अपने मन मुताबिक लक्ष्य को पूरा करने के लिए जो आकर्षित करना है, उसके लिए दिमाग को खोलना और लेने योग्य बनाना हमारे हाथ है। जैसे ही आप विश्वास से लेने के लिए तैयार हो जाएँगे, विभिन्न साधन और संसाधन अपने आप जुटने को तैयार हो जाएँगे।

विजय के द्वार खोलने की एकमात्र चाबी पहलकदमी है—निरंतर क्रियाशील होकर दृढ़ता से डटे रहना। बिना किसी निश्चित उद्देश्य और उसे पूरा करने के लिए निश्चित योजना न हो तो हम हमेशा शुरू के स्थान पर ही टिके रह जाएँगे। यह सबसे महत्त्वपूर्ण चरण है। एक बार आपके

लक्ष्य की दिशा निश्चित हो जाए तो एक समय पर एक कदम बढ़ाना ही रह जाता है। ऐसा करने पर आप कम समय में ही जीवन-प्रवाह में सफलता से तैरते नजर आएँगे और जीवन की राहों में आनेवाली विभिन्न बाधाओं व विकर्षण आने पर भी डगमगाते नहीं।

निजी पहलकदमी

—डॉ. नेपोलियन हिल

''इनसान वह आगे जाता है,'' कार्नेगी कह रहे थे, ''जो कोई भी कार्य बिना बताए स्वतः से करता है और वह वहीं नहीं रुकता, बल्कि वह अपेक्षा से अधिक कार्य कर दिखाता है।''

हम निजी स्तर के प्रवर्तन की तुलना स्वचालित मोटर गाड़ी से कर सकते हैं। यह ऊर्जा ही है, जो क्रियाशील होने के लिए गति देती है। यह ऊर्जा व आत्मशक्ति ही है, जो कार्य को पूर्ण करने का सामर्थ्य व हिम्मत देती है।

कार्य शुरू करनेवाले तो बहुत होते हैं, परंतु समाप्त करनेवाले कम। मनुष्य का स्वतः अग्रसर होना ऐसी जोशीली ऊर्जा है, जो संकल्पना को क्रिया में परिवर्तित करती है। यह आपके लक्ष्य को मूर्त रूप में परिवर्तित करने की प्रक्रिया है, चाहे वह भौतिक हो या आर्थिक। यह वह गुणवत्ता है, जो प्रमुख या मामूली लक्ष्य को सच्चे अर्थों में साधारण या असाधारण बनाता है।

❑

सप्ताह–18

हिल का जन्म-स्थान 'वाइज काउंटी, वर्जीनिया ऐतिहासिक रूप से गरीबों द्वारा आँका गया है। यही नहीं, ऐसे भी लोग हैं, जिन्होंने यह सिद्ध किया कि सफलता का गरीबी से कोई संबंध नहीं, खासकर एपालाशिया की पर्वत-श्रृंखला जहाँ के मूल्य किसी हद तक नेपोलियन हिल के सिद्धांतों से मेल खाते हैं।'

—एमी क्लार्क

शायद आपने ब्रूस ली का नाम सुना हो। सन् 1969 में उन्होंने एक पुस्तक लिखी, जिसका नाम था 'माय डेफिनॅट चीफ एम' (My definite chief aim)—"मैं, ब्रूस ली, अमेरिका का पहला सुपर स्टार होऊँगा, जिसकी आय सबसे अधिक होगी। उसके बदले मैं कलाकार के रूप में सबसे अच्छा प्रस्तुतीकरण दूँगा। उस अभिव्यक्ति की गुणवत्ता (quality) सर्वोत्तम होगी। सन् 1970 में शुरू होते हुए मैं जग-प्रसिद्ध होऊँगा और 1980 तक आते-आते मेरे पास 1 करोड़ डॉलर की संपत्ति अवश्य होगी। मैं जैसे चाहूँगा, वैसे रहूँगा और आंतरिक शांति व आनंद पाने का प्रयास करूँगा।"

शब्द कुछ जाने-पहचाने लग रहे हैं कि नहीं? शायद आपने चरणों के बारे में कहीं पढ़ा है? मुझे मालूम है, मैंने पढ़ा है। अगर हम मान लें कि ब्रूस ली अपनी मृत्यु से पहले अपने निश्चित मुख्य उद्देश्य

(DCA–Definite Chief Aim) की राह पर निकल चुका था तो मैं आपसे पूछती हूँ—

"क्या आपने अपने जीवन का 'निश्चित मुख्य उद्देश्य' लिखा है? यदि नहीं, तो क्यों नहीं?"

आसान है! मैंने डॉ. नेपोलियन हिल के जीवन के नुस्खों में छह चरण जोड़ दिए हैं। क्यों नहीं अपने जीवन से एक घंटा निकालते और अपने जीवन के बिखरे पुर्जे मिलाकर एक लक्ष्य बनाते? संविदा के तहत यह आपके इस भाव को गति देगा, जो अब आप बनेंगे। इसे कानूनी/वैधानिक संविदा मानकर क्यों नहीं हस्ताक्षर कर दिनांक भी लिख देते? बल्कि इसे कानूनी दस्तावेज मानकर दो लेखा प्रमाणक और गवाह के भी हस्ताक्षर ले लीजिए। अपने जीवन का निश्चित मुख्य उद्देश्य अपनी सुंदरतम लिखाई में लिखकर डॉ. नेपोलियन हिल के छह नुस्खे अपनाएँ। उस हस्ताक्षर किए दस्तावेज को दिन में दो बार जोर से पढ़ें। अपनी इच्छा को प्रबल करते हुए उस उद्देश्य की ओर कार्य करना आरंभ करें। मस्तिष्क में उस स्वप्न की साकार मूर्ति देखें, सुनें, सूँघें, महसूस करें। अपनी इंद्रियों के लिए वह स्वप्न साकार कर लें। बिना समय व्यर्थ किए क्रियाशील हो जाएँ और अपने सपने को सच करने में व्यस्त हों। आप कर सकते हैं, क्योंकि आप मानते हैं कि यह सच हो सकता है।

अपनी अभिलाषा को पूर्ण करने के छह तरीके

—डॉ. नेपोलियन हिल

अपने धनी बनने की प्रबल इच्छा को भौतिक रूप देने के निम्नलिखित छह उपाय अचूक एवं व्यावहारिक हैं—

1. **पहला :** अपने मस्तिष्क में निश्चित संख्या अंकित कर लें। ऐसा कहना कि 'मुझे बहुत सा धन चाहिए', पर्याप्त नहीं। निश्चित

संख्या जानें। (इसके पीछे मनोवैज्ञानिक कारण है, जो आगे आनेवाले पाठों में बताया जाएगा।)

2. **दूसरा :** इरादा कीजिए कि इस इच्छा के पूरी होने के बदले में क्या देंगे या करेंगे। (इस जीवन में कुछ भी मुफ्त नहीं मिलता।)
3. **तीसरा :** निश्चित कीजिए कि किस तारीख तक आपको यह रकम चाहिए।
4. **चौथा :** एक योजना बनाइए कि आप इस इच्छा को किस प्रकार अंजाम देना चाहेंगे, चाहे आप उस योजना के कार्यान्वित करने को तैयार हों या न हों।
5. **पाँचवाँ :** एक कथन स्पष्ट रूप से लिखें, जिसमें रकम प्राप्त की समयावधि, उसके बदले में किया गया सौदा और योजना, जिसके द्वारा वह धन प्राप्त करना चाहते हैं।
6. **छठा :** अपना यह कथन दिन में दो बार जोर से पढ़िए। एक बार सोने से पहले और दूसरा सुबह उठते ही। जब पढ़ें तो यह मानकर चलें कि यह रकम आपको मिल ही चुकी है।

यह बहुत आवश्यक है कि आप ऊपर दिए गए सभी निर्देशों का पालन करें, खासकर छठे चरण के निर्देशों का। आप कह सकते हैं कि जब धन पास ही में नहीं तो उसके यथार्थ में होने की कल्पना व्यर्थ है। इसी स्थिति में आपकी प्रबल इच्छा मदद करती है। अगर आप सचमुच धन चाहते हैं और आपकी प्रबल इच्छा सनक तक पहुँच चुकी है तो आपको स्वयं को यह समझाने में तनिक भी मुश्किल नहीं होगी कि आप धन पा लेंगे। उद्देश्य धन-प्राप्ति है और जब आप दृढ़ता से खुद को समझा लेंगे तो धन पा भी लेंगे।

❑

सप्ताह—19

उस सत्र में छात्रों से सीखे हुए सिद्धांतों को व्यावहारिक जीवन में लागू किए जाने की बात पूछी जा रही थी। उनमें से एक उदाहरण अपने नकारात्मक मालिक को लेकर था। हमने कई मुद्दों पर बात की कि मालिक की अपेक्षा से अधिक मालिक के लिए कार्य करना, सकारात्मक दृष्टिकोण रखते हुए घटिया स्तर की बातें न करना, मालिक के नकारात्मक स्तर की उपेक्षा कर कार्य करते रहना। छात्रों का मानसिक विकास देख संतोष भी हो रहा था और उनकी बातें सुनकर आनंद भी आ रहा था। यह उन छात्रों का नेपोलियन हिल से पहला परिचय था।

—माइकल कॉलिंस

कार्यक्षेत्र में अपने स्तर पर कार्य कर रहे सहकर्मियों से अच्छी, सत्य व आशावादी टिप्पणियाँ उल्लसित कर देती हैं। अपने इतने वर्षों के शिक्षा संस्थान के निदेशक होने के नाते नेपोलियन हिल फाउंडेशन में इसका बहुत अहसास हुआ। आज मुझे 'लीडर सर्टीफिकेशन' कोर्स कर रहे माइकल कॉलिंस के परियोजना कार्य की समाप्ति की रिपोर्ट अर्थात् विवरण मिला। विषय था—उसके द्वारा पढ़ाई गई कक्षा के अनेक पहलू।

वर्ष में एक या दो बार 'नेपोलियन हिल वर्ल्ड लर्निंग सेंटर' उन व्यक्तियों के लिए 'इंटरनेशनल लीडर सर्टीफिकेशन' कोर्स आयोजित करता

है, जो नेपोलियन हिल के सिद्धांतों के प्रति अपने जीवन में पाई सफलता के प्रति कृतज्ञता व प्रेम दिखाना चाहते हैं। पहले वे इस कोर्स में आने के लिए अन्य दो कोर्स करते हैं। एक घर पर बैठकर, जिसमें शिक्षा सामग्री घर पर ही मिलती है और दूसरा इंटरनेट कोर्स। ये दोनों कोर्स पूरे कर लेने पर ही 'लीडर सर्टीफिकेशन कोर्स' किया जा सकता है।

हर छात्र यही सोचकर खुद का नाम दर्ज करवाता है कि इससे सीखी गई हर बात को जीवन में लागू करेंगे। जब मुझसे किसी ने इ-मेल से यह प्रश्न किया कि इस सर्टिफिकेट कोर्स से क्या पाया जा सकता है और इसका जीवन में क्या उपयोग किया जा सकता है, तो मेरा जवाब यह था—

''यह बात स्पष्ट जान लें कि यह स्व-सहायता, प्रेरणा-युक्त कोर्सों की शृंखला है। जिसकी रूपरेखा इस प्रकार तैयार की गई है, जिससे सर्वप्रथम आप सीखें और बाद में अर्थात् फाउंडेशन से कोर्स के बाद एक नेता के रूप में औरों को सिखाएँ। यह कोई अनुज्ञा पत्र (License) या किसी नौकरी को पाने की साझेदारी नहीं है। यह कोई विशेषाधिकार समझौता (Franchise agreement) भी नहीं, हालाँकि हम अन्य देशों के छात्रों से फीस के लिए भी इन कोर्सों का आयोजन करते हैं। जैसे किसी संस्था द्वारा स्नातक हो जाने पर नौकरी की कोई जिम्मेदारी नहीं होती, उसी प्रकार हम कॉलेज या किसी जेल में, जहाँ निदेशक की आवश्यकता हो, का मार्गदर्शन कर सकते हैं। यही नहीं, धार्मिक केंद्र आदि, किंतु आप सीखी हुई बातों को कहाँ, कितना लागू कर जीवन को सुखी व सफल बनाते हैं, यह आप पर ही निर्भर करता है। (www. naphill.org) की हमारी वेबसाइट पर रे स्टेनडॅल का वीडियो अवश्य देखें और वेब पेज अवश्य पढ़ें कि किस प्रकार यह कोर्स भविष्य में आपकी सहायता कर सकता है।''

मैं नहीं चाहती कि कोई गलतफहमी हो। चूँकि आपने पूछा तो मैंने स्पष्ट रूप से वस्तु-स्थिति बताई है। अधिकतर लोग इस प्रशिक्षण का

इस्तेमाल अपने रोजगार के दायरे में करते हैं, अपने कर्मचारियों को निर्देश देते हैं या अभिकर्ता (Agent) या वितरक के सामने इस कोर्स को करने का प्रस्ताव रखते हैं। हमारे कई प्रशिक्षक बीमा बिक्री विभाग, शिक्षण, धार्मिक पठन, स्थावर संपदा आदि क्षेत्रों में कार्यरत हैं और वे इस कोर्स से पाया हुआ अपना ज्ञान अपने कार्यक्षेत्र में लागू करते हैं। उम्मीद है, आपको दी गई सूचना लाभान्वित करेगी।

रुचि दिखाने हेतु धन्यवाद।

आपने पढ़ा होगा, मैं स्पष्ट रूप से बात रखने की समर्थक हूँ। यदि इस बात से सहमत हैं तो बात का मूल्यांकन करें और जीवन की बागडोर स्वयं के हाथ में लें। निजी स्तर पर प्राप्त की अपनी शिक्षा को इस समृद्ध करनेवाले औजार के लिए उपयोग में लाएँ। उम्मीद है, आपसे 'लीडर सर्टिफिकेशन कोर्स' में मुलाकात होगी। कॉरी टेन बूम का कथन कितना सटीक है, ''ईश्वर को निर्देश देने का प्रयास न करें। अपने काम पर हाजिर हों।''

आप चाहे वरदी से सैनिक हों या जज्बे से, आपको अपना उद्‍देश्य मालूम होना आवश्यक है। यदि मेसेज आप लक्ष्य निश्चित न कर पा रहे हों तो आप एल्बर्ट हबार्ड द्वारा लिखित 'ए मेसेज टू गर्शिया' अवश्य पढ़ें और समझें।

विचारों की शक्ति

—डॉ. नेपोलियन हिल

इस धरती पर मनुष्य ही ऐसा प्राणी है, जिसके पास आत्मदृढ़ता, स्वयं विचारों और उनके अनुसार कार्य करने की क्षमता है। निचले स्तर के प्राणियों अर्थात् जानवरों में प्राकृतिक रूप से छह आदतें व प्रवृत्तियाँ पाई जाती हैं। वे मनुष्य की तरह परिस्थितियाँ समझने में असमर्थ होते हैं,

बजाय इसके कि जीवित रहने के लिए खाने की तलाश करते हुए सूँघने निकलना और कहीं फँस जाने पर दीवार पर सिर मारते हुए रास्ता टटोलना और मिल जाने पर अपनी जान के लिए भागना। मनुष्य अन्य प्राणियों से एक बात में सर्वथा भिन्न है और वह है बुद्धि। मनुष्य बुद्धिवादी प्राणी है और स्वाभाविक रूप से वह अपने विचारों, सोच व दृष्टिकोण को पूरी तरह से नियंत्रित कर सकता है।

इस संकल्पना से ही मेरा मन उल्लसित हो जाता है कि मनुष्य अपने विचारों को वश में कर सकता है। यह स्पष्ट संकेत है कि मनुष्य के मस्तिष्क व अंतहीन ब्रह्मांडीय ज्ञान में पारस्परिक संबंध है। इस साधारण कथन का निहितार्थ विस्मय- प्रेरक है। अपने मन–मस्तिष्क का प्रबंधन अवचेतन मन और अनंत ज्ञान को पाने का तरीका है। यदि हम विश्लेषण करें तो स्पष्ट होगा कि यदि कोई योजना मनुष्य का अवचेतन मन आत्मसात् कर ले तो वह पूरी हो सकती है, चाहे वह उसके लाभ, सुधार, प्रसन्नता या नैतिक उन्नति के लिए हो या फिर गरीबी, दुर्दशा या विनाश के लिए ही क्यों न हो।

❑

सप्ताह—20

ए.सी.सी.आई. (ACCI–American Council on Consumer Interests Organization) के अधिकतर छात्र शहर के अंदर रहनेवाले युवाओं के लिए कार्य करते हैं, जिनके पास जीवन-वृत्ति के बहुत सीमित विकल्प हैं और उनके वातावरण में सकारात्मकता की कमी है। 'थिंक ऐंड ग्रो रिच' ऐसी पुस्तक है, जो इन छात्रों को समझाएगी कि दृढता और सकारात्मक दृष्टिकोण से कोई भी, कहीं से भी सपने साकार कर सकता है। यही ए.सी.सी.आई. के संस्थापक ऑस्कर हेरिस ने किया।

—एच.ली. जेरबो

नॉर्मन विनसेंट पील कहते हैं, ''किसी भी यथार्थ (सच्चाई) का होना उतना महत्त्वपूर्ण नहीं, जितना कि हमारा उस तथ्य के प्रति दृष्टिकोण होता है)। वह दृष्टिकोण ही हमें जीत या हार दिलाता है।'' मैं इस कथन से सहमत हूँ; पर मैं इसमें नेपोलियन हिल के उस पहलू को जोड़ना चाहूँगी, जो कई लोग भूल जाते हैं। हिल हमें याद दिलाते हैं, ''आपका हर अगला कदम।'' यहाँ पर अत्यंत महत्त्वपूर्ण शब्द हैं 'अगला कदम', अर्थात् कर्म और क्रिया। सकारात्मकता या नकारात्मकता महत्त्वपूर्ण बिंदु हैं, परंतु वे हमें जिंदगी की दौड़ जिता नहीं सकते।

जब हम सकारात्मक सोच रखते हैं तो मुश्किलों व बाधाओं के

ढेर भी हमारे लिए अनुकूल ही साबित होते हैं; पर जिंदगी की दौड़ में सफलता का श्रेय उन्हीं को मिलता है, जो अपेक्षित और आवश्यक क्रिया या कार्य करते हैं, अपने दृष्टिकोण को कार्यान्वित करते हैं।

यदि अवसर मिले तो क्या आप खतरा उठाना पसंद करते हैं? अगर नहीं, तो खतरा उठाना सीखिए! बिना खतरा उठाए इनसान नहीं सीखता। कई लोग खतरा उठाने से डर जाते हैं और जीवन दु:खद रूप ले लेगा, इस सोच से भयभीत हो जाते हैं; बल्कि वे सुरक्षा का विकल्प ढूँढ़ते हैं और एक बेहतरीन जिंदगी जीने से चूक जाते हैं। ऐसी ही जिंदगी को हेनरी डेविड थोर निराशा की जिंदगी कहते हैं। हम सभी जानते हैं कि मृत्यु ही जीवन का अंतिम सत्य है। प्रश्न यह नहीं है कि मरेंगे कब, बात यह है कि जिएँगे कब? और हाँ, इसका निर्णय आपको ही करना है, अकेले आपको।

जीवन में आनेवाले अवसर, चुनौतियों और खतरों को खुले मन से अपनाना आरंभ कीजिए। इन्हें नए और बेहतर जिंदगी की ओर ले जानेवाले द्वार समझिए। नए कोर्स के लिए अपना नाम दर्ज कीजिए, चाहे उसके बारे में आप आश्वस्त न भी हों; ऐसे खाने के न्यौते पर जाइए, जो आप शायद न जाना चाहें; किसी श्रव्य कार्यक्रम का आनंद लीजिए; एक दोस्त के साथ किसी सैर पर निकल जाइए, केवल यह सोचकर कि मेरे दोस्त को लगता है कि इस सैर से मुझे अच्छा लगेगा। फिर देखिए, ब्रह्मांड आपके समक्ष, आपके द्वार पर कैसे अवसर लाकर खड़े कर देगा। वह छोटा फूल भी हो सकता है, कोई बिल्ली, पानी या वर्षा की बूँदें या कोई अखबार, जो अनपेक्षित हो। जो भी हो, आपके लिए है, यह सोचकर कृतज्ञ हों और खुश रहें। आज आपने कोई खतरा मोल लिया। क्या यह खतरा किसी खूबसूरत और बेहतर जिंदगी का आना हो सकता है? क्यों न हम उन खतरों को 'न' के बजाय 'हाँ' कहना सीखें। देखें तो सही, क्या होता है? यही तो उद्‌देश्य है अच्छी और सकारात्मक सोच का। 'हाँ' कहने का अभ्यास करें और आगे बढ़ते जाएँ।

दृष्टिकोण नकारात्मक भी हो सकता है और सकारात्मक भी

—डॉ. नेपोलियन हिल

केवल आशावादी सोच ही मनुष्य के रोजमर्रा के जीवन में काम आती है। तो आइए, देखें कि इसे कैसे पाया जा सकता है और अपनी इच्छाओं को पूरा प्राप्त करने के संघर्ष में इसे कैसे लागू कर सकते हैं? एक सकारात्मक दृष्टिकोण के अनेक पहलू और अनगिनत संयोजक रूप होते हैं, जिन्हें लागू करने पर हमारे जीवन प्रभावित होते हैं।

सर्वप्रथम यह मानना आवश्यक है कि सकारात्मक सोच का उद्देश्य सुखद या दु:खद अनुभव को अंत में लाभदायक बनाना, जो हमें मानसिक शांति की ओर ले जाती है।

आशावादी सोच ऐसी आदत है, जो असफलता, प्रतिकूलता, दु:खद अनुभवों में भी लाभकारी स्थितियों के बीज ढूँढ़ती है और उन बीजों को किसी फायदे के पौधे में परिवर्तित कर देती है। एक आशावादी सोच ही प्रतिकूल परिस्थितियों में अच्छाई के पाठ पढ़ लेती है।

एक स्पष्ट सोच को हम ऐसी आदत कह सकते हैं, जो मनुष्य के मस्तिष्क को उन इच्छाओं व स्थितियों में व्यस्त रखती है, जो उसकी इच्छाओं व अभिलाषाओं से संबद्ध होते हैं। अधिकतर लोग जीवन की राह पर भय, चिंता व निराशाग्रस्त स्थितियों से गुजरते हैं, जो कभी-न-कभी मूर्त रूप में सामने आकर खड़ी हो जाती हैं। ऐसे लोग अपनी मुश्किल परिस्थितियों और दुर्भाग्य का दोष दूसरों पर मढ़ते हैं, जो कि वास्तव में नकारात्मक सोच का परिणाम होती हैं।

❑

सप्ताह–21

हमारे समाज में तलाक, निराशा और असंतुष्टि का सबसे बड़ा कारण आर्थिक मामलों को लेकर चिंता है। मुझे इस बात पर विश्वास करना ही पड़ेगा कि लोगों को सेवानिवृत्ति, शिक्षा या घर के किराए की चिंता नहीं है; बल्कि रोजमर्रा के जीवन में अनपेक्षित रूप से आनेवाली परिस्थितियों की चिंता है, जो केवल धन द्वारा ही निपटाई जा सकती हैं।

—जिम स्टोवाल

यह बहुत अच्छी बात है कि हमारे बैंक में अनपेक्षित घटनाओं के लिए धन रखा जाए। न जाने कौन सी आपातकालीन स्थिति में उस धन की आवश्यकता पड़ जाए। सार यह है कि मुश्किल घड़ी में पैसों पर ही भरोसा किया जा सकता है। यह विश्वास कि आपके पास मुश्किल समय के लिए रुपए हैं, रात को निश्चिंतता की नींद सुला सकता है। इससे ज्यादा बदतर हालात और कोई नहीं, जब यह सोचना पड़े कि मुश्किल हालात में पैसा कहाँ से आए? चाहे वह घर में किसी की मौत हो, चाहे दुर्घटना, घर के किसी उपकरण का खराब होना, अनपेक्षित टैक्स भरना। यदि हमने पैसों की बचत की है तो निश्चित ही हम परिस्थितियों का मुकाबला कर सकते हैं। पूँजी का महत्त्व जानना, नियमित रूप से पैसे बचाना संभावित आपदा से बचा सकता है तो स्पष्ट है कि आर्थिक जरूरत का समाधान ढूँढ़ना स्वानुशासन व त्याग करने जितना ही आसान

है। बस, लक्ष्य तक पहुँचने तक हिम्मत न हारें।

वहीं दूसरी ओर, यह देखें कि क्या आपके पास भावनाओं का और आत्मिक बैंक बचत है, जो आपकी सबसे मुश्किल घड़ी में काम आ सकती है? आर्थिक बचत आपको किसी हद तक मानसिक शांति व निश्चिंतता दे सकती है, पर जीवन को भारी बचत से भी अधिक कुछ चाहिए होता है। अपने आपसे पूछिए कि आपके जीवन में ऐसा कौन है, जिसके पास जाकर आप अपने मन की बात कह सकते हैं और जिससे आपको भाविक सहायता मिल सकती है और ऐसी मदद, जो धन से ठीक नहीं हो सकती? कौन सी जान-पहचान या दोस्ती आपको भाविक और आध्यात्मिक मदद दे सकती है? अगर आपके जीवन के इस खाते में घाटा चल रहा है तो सोचिए कि क्या किया जा सकता है? अंत में ऐसे ही लोग अनमोल होते हैं, जिनकी तरफ आप अपनी आत्मिक व भावनाओं की पूर्ति तथा मुश्किलों की शोध क्षमता के लिए देख सकते हैं। यदि आपके पास ऐसे लोग हैं, जो आपके लिए सदैव अपने दरवाजे खुले रखते हैं तो आपसे बड़ा भाग्यवान् कोई नहीं।

ऐसे रिश्तों को पनपने और बनाए रखने के लिए उसमें कई तरह की खाद डालनी पड़ती है। दोस्ती एक तरफा नहीं होती, लेन-देन में संतुलन होता है। असंतुलित रिश्ते बहुत दिनों तक नहीं चलते। जब हम साम्य बनाए रखते हैं तो अपेक्षित केंद्र से रिश्ते बाहर नहीं जाते। उसके लिए बहुत कुछ करना पड़ता है, क्रियाशील रहना पड़ता है। आप क्रियाशील हैं या स्वप्नदर्शी? कर्म करनेवालों के खाते में 'कर्म सिक्के' होते हैं, जबकि स्वप्नदर्शी के खाते में केवल वादा। मेरे कहने का अर्थ है कि किसी से कुछ माँगने के पहले उसके लिए कुछ करना सीखें। हम यदि किसी के लिए पहले कुछ करें तो लेने के हकदार होते हैं।

आपने हाल-फिलहाल किसी मित्र से बात की या उससे मिले; किसी और के लिए कुछ ऐसा किया, जो अनपेक्षित था; किसी के लिए उदार

मन से कुछ किया—किसी से कुछ पाने की उम्मीद से नहीं, केवल देने के लिए दिया हो? ये सब करने की कोशिश तो कीजिए। पूरे 30 दिन किसी से कोई अपेक्षा रखे बिना औरों के लिए कुछ कीजिए, चाहे छोटी सी मदद हो या किसी का दुःख कम करना। एक महीने बाद देखिएगा कि खाते में भावनाओं की कितनी बचत हुई। आप अपने द्वारा फैलाई गई अच्छाइयों की फेहरिस्त देखकर प्रसन्न हो जाएँगे। आपकी सकारात्मकता में वृद्धि होगी। आप स्वयं और दूसरों के जीवन में अंतर ला पाएँगे।

सोचिए और जीवन में मानसिक रूप से बड़े होइए तथा पाइए मानसिक शांति

—डॉ. नेपोलियन हिल

लाखों लोगों ने मेरी पुस्तक 'थिंक ऐंड ग्रो रिच' पढ़ी है। इन बीस वर्षों में मैंने कई लोगों से बात की। कई लोगों ने उस पुस्तक का इस्तेमाल केवल अमीर बनने के लिए किया। शायद अब समय आ गया है, जब मैं वास्तविक धनी बनने के 12 सूत्र बताऊँ—

1. सकारात्मक मानसिक दृष्टिकोण।
2. शारीरिक रूप से स्वस्थ।
3. संबंधों में तारतम्य (तालमेल)।
4. हर प्रकार के भय से मुक्ति।
5. भविष्य में उपलब्धि की आशा।
6. श्रद्धा-भाव रखना।
7. जीवन में मिले वरदानों को दूसरों के साथ बाँटना।
8. प्रेम एवं सेवा भाव को व्यवसाय बनाना, मन से करना।
9. हर विषय पर खुली सोच रखना।
10. हर परिस्थिति में स्वयं को अनुशासित रखना।

11. दूसरों को समझने का प्रयास करना।

12. पर्याप्त धन।

ये आपकी मानसिक शांति के साथ-साथ जीवन में होने चाहिए। ध्यान रहे कि इन सूत्रों में मैंने धन को सबसे निचली सीढ़ी पर रखा है, जबकि मैंने ही इस बात पर जोर देकर कहा था कि पर्याप्त धन के बिना मन की शांति असंभव है। मैंने उसको इसलिए अंतिम छोर पर महत्त्व दिया, क्योंकि आप स्वयं ही उसे सर्वाधिक महत्त्व देंगे। मेरा यह कर्तव्य बनता है कि मैं आपको याद दिलाऊँ, धन बहुत कुछ खरीद सकता है, परंतु मन की शांति नहीं। वह मन की शांति ढूँढ़ने में केवल सहायता कर सकता है; लेकिन सच तो यह है कि मन की शांति के लिए न तो धन और न ही और कुछ आपकी तब तक मदद कर सकते हैं, जब तक आप अपनी सफलता की यात्रा अंतर्मन से स्वयं आरंभ नहीं करते।

❑

सप्ताह—22

आत्म जागरूकता प्रतिकूल एवं निकृष्ट विचारों को निर्वासित करने हेतु अत्यधिक महत्त्वपूर्ण है, जो हमें हमारे लक्ष्य से भटकाने का कार्य करते हैं। जैसे-जैसे मैं अपने लक्ष्य की प्रतिकूल दिशा में ले जानेवाले विचारों से अवगत होती हूँ, वैसे-वैसे मैं उन विचारों के शोषित होने के रास्ते से आगे बढ़ जाती हूँ। यह सोच मुझे अत्यधिक शक्ति देती है कि हम सभी में जीवनदायी विचारों को चुनने की शक्ति है, जो कर्मों द्वारा हमारी हार्दिक इच्छाओं की पूर्ति कर सकते हैं।

—कैथरीन

यदि आप अपने मस्तिष्क को अपने नियंत्रण में नहीं ला सकते तो कौन लाएगा? क्या आप अपनी संचालन शक्ति की बागडोर किसी और को सौंपने को तैयार हैं, खासकर आपकी सबसे बड़ी संपत्ति 'दिमाग'? यह तो आपका खजाना किसी और को पकड़ाने जैसा है; केवल इसीलिए, क्योंकि उस खजाने के ताले की चाबी आपसे खो गई है और इस बात को आप मानना भी नहीं चाहते। अपने मस्तिष्क पर प्रतिबंध भौतिक, गुप्त या चमत्कारी रूप से नहीं लगाया जा सकता। यह प्रतिबंध आपको अनुशासित कर आपको अपने लक्ष्य के पथ पर अग्रसर करता है। इसका मंत्र है दृढ़ता, अभ्यास और धैर्य। इन तीनों के साथ अपने लक्ष्य की ओर बढ़ते जाइए।

स्वयं के बारे में नकारात्मक बातें हमारी सोच में प्रवेश कर जाती हैं तो बहुत-सी हानियाँ होती हैं, जैसे निम्न आत्म-विचार, आराम की कमी, अस्वस्थ जीवन-शैली और अन्य बातें, जो आपको जीवन में पीछे की ओर खींचती हैं। जैसे शैवाल (घास-पात) पौधों को ठीक से बढ़ने नहीं देता, इसी कारण उसे ढूँढ़कर बगीचों और खेतों से हटाया जाता है। उसी प्रकार प्रतिकूल विचार हममें अविश्वास का संचार करते हैं। इसीलिए उन्हें जीवन से उखाड़कर फेंक देना चाहिए। उन नकारात्मक विचारों की जड़ें जमने न दें।

इस दुनिया में विरोधाभासों का अस्तित्व तो होगा ही और वह लाभदायक भी है। यदि बुराई का अनुभव नहीं करेंगे तो अच्छाई का महत्त्व कैसे जानेंगे? बिना धूप के छाया की महत्ता कहाँ? सिक्के के दो पहलू होते हैं, यह तथ्य हमें विकल्पों का विश्लेषण करने का अवसर देता है। 'अँधेरे के बाद उजाला आता ही है', यह सूक्ति हमें अच्छाई की ओर बढ़ने को प्रेरित करती है। मन-मस्तिष्क को अनुबंधित करने से हम स्वयं को भी अपने लक्ष्य की ओर ध्यान केंद्रित करने को प्रेरित कर सकते हैं। अपने दिमाग का प्रयोग मन-मुताबिक जीवन को साकार करने के लिए करें। आप भी सच्चे अर्थों में विकसित व धनी बन सकते हैं।

बिना सोच-विचार के प्रगति असंभव है और बिना सकारात्मक परिवर्तन के जीवन समृद्ध नहीं हो पाता। अपने मन की शक्ति का सदुपयोग करने का अभ्यास करें और खजाना पाएँ; साथ ही इस बात का भी ध्यान रखें कि कोई भी शक्ति या खजाना शाश्वत नहीं, इसलिए रोज अपने विचारों और सोच को आशावादी बनाए रखने का प्रयास करें। आपके विचार आपकी सबसे बड़ी संपदा हैं। इसका मोल क्या है, आप जानते हैं? जी! ये अनमोल हैं।

मानसिक दृष्टिकोण को कैसे नियंत्रित करें?

—डॉ. नेपोलियन हिल

अपनी मानसिकता को वश में करने की प्रक्रिया का आरंभिक स्थान आपका हेतु और अभिलाषा हैं। कोई भी व्यक्ति बिना उद्देश्य के सफल नहीं हो सकता। हेतु जितना प्रबल होगा, अपनी मानसिकता को वश में करना उतना ही आसान।

हमारी मानसिकता को प्रभावित और नियंत्रित करनेवाले अनेक तत्त्व होते हैं, जैसे—

1. **प्रबल कामना :** यह कामना मनुष्य के नौ मूलभूत हेतुओं में से किसी भी एक पर आधारित होती है। मनुष्य के नौ मूलभूत हेतु उसे प्रयास करने को प्रेरित करते हैं।
2. अपने मन-मस्तिष्क को अपने उद्देश्य की ओर अग्रसर होने हेतु अच्छी व आशावादी सोच का निर्माण करना, जिसमें 8 आध्यात्मिक सिद्धांत मदद करते हैं। ऐसे में चेतन और अवचेतन मन बुद्धि को अच्छे विचारों से ही पोषित करते हैं।
3. सत्संगति—ऐसे लोगों का साथ, जो अच्छे कार्यों में संलग्न हैं और नकारात्मक विचारवाले लोगों से दूर रहना।
4. आत्म-विश्लेषण से अपनी बुद्धि को सदैव अच्छे और आशावादी निर्देश देना, जब तक कि वह स्वयं ही सकारात्मकता को अपनी ओर आकर्षित करने की अभ्यस्त न हो जाए।
5. मनुष्य के मस्तिष्क को अपने वश में करने और उसका सदुपयोग करने के विशेषाधिकार को पहचानना।
6. ऐसी विचार-प्रक्रिया का निर्माण, जो अवचेतन मन का मार्गदर्शन कर सके।

❑

सप्ताह—23

मेरे जीवन के पिछले चार वर्ष अत्यंत संघर्षपूर्ण रहे; किंतु इन वर्षों ने मुझे यह भी सिखाया कि नेपोलियन हिल के 17 सिद्धांत एक शक्तिशाली मिश्रण है, जिसे लागू करने पर जीवन सफल हो सकता है। जैसे किसी भी व्यंजन विधि में हर घटक पूरे व्यंजन को स्वादिष्ट बनाने में योगदान भी देता है और अपना अस्तित्व भी कायम रखता है, उसी प्रकार नेपोलियन हिल के 17 सिद्धांत व्यक्तित्व एवं जीवन को समृद्ध भी बनाते हैं और हर एक का अपना महत्त्व व अस्तित्व भी शाश्वत रहता है।

—माइकल फ्रेन

नेपोलियन हिल कहते हैं, ''यदि आप किसी उपक्रम (Undertaking) में तीन बार परास्त होने पर भी प्रयासरत रहते हैं तो आप स्वयं को भावी नेता (क्षेत्र विशेष के) के रूप में सोच सकते हैं। यदि आप अपने व्यावसायिक क्षेत्र में 12 से अधिक बार हार का सामना करने पर भी प्रयासरत रहते हैं तो यह मान लीजिए कि आपकी आत्मा में प्रतिभाशाली होने का बीज अंकुरित हो चुका है।''

ये बीज तभी पूर्ण रूप से विकसित हो सकते हैं, जब आप क्रियाशील हों। जब प्रतिभाशाली बनने के इन बीजों को आपने सावधानी से सहेजा, प्रतिकूलता और हार के अनुभवों से पोषित कर लिया तो फिर आपको

अपने कर्मों से उस लक्ष्य को पाने का निश्चय करना है, जिसकी आपने संकल्पना की थी। एक बार आपका निर्णय निश्चित हुआ कि जगत्-शक्ति अपनी भूमिका अदा करना शुरू कर देती है। आपके लक्ष्य के बीज अँधेरे में प्रकृति द्वारा सेते जाते हैं और फिर आपके समक्ष साकार होकर प्रकट होते हैं।

अभी हाल ही में मैं चालक लाइसेंस के नवीनीकरण के सिलसिले में गई थी, जहाँ उन्होंने उसको दोबारा बनाने से इनकार कर दिया। लाइसेंस पर मेरा नाम मेरे अनेक पहचान-पत्रों से मेल नहीं खा रहा था। मैंने संबंधित संस्थान को गलती ठीक करने को कहा, पर उन्होंने मना कर दिया। कई बार नवीनीकरण किए जाने के बावजूद मुझे इस बार लाइसेंस नहीं मिला था। मेरे दूसरी बार जाने पर मेरे पास कई पहचान-पत्र की कई प्रतिलिपियाँ थीं, जिसमें मेरा सही नाम था, संक्षिप्त रूप नहीं। इस बार मैं दृढ़ थी और निश्चय करके आई थी कि मुझे लाइसेंस चाहिए। मेरे पास अधिक समय नहीं था। मैंने लाइसेंस से संबंधित सभी दस्तावेज जैसे—पासपोर्ट, टैक्स के कागजात, सभी तरह के घर के बिल इत्यादि जुटाए। मैंने एजेंट के पास जाकर उन्हें बताया कि मैं सभी दस्तावेज लाई हूँ, सिवाय मृत्यु-पत्र के। मैं अपने लाइसेंस का नवीनीकरण (Renew) कराने आई हूँ। इतना सुनते ही वह समझ गई थी कि मैं आज काम करवाए बगैर वापस नहीं जाऊँगी। उन्हें कागजी काररवाई के लिए जो समय लगा सो लगा और मेरा लाइसेंस अगले पाँच वर्ष के लिए तैयार था। जीत!

इस प्रतिकूलता में भी अच्छा यह हुआ कि इसी बहाने मेरे सारे दस्तावेजों पर एक जैसा नाम आ गया। यदि मुझे आगे भी इन कागजातों की आवश्यकता पड़ेगी तो सभी एक जैसे सुप्रवाही (streamlined) हो गए। यदि मैं उस विभाग में जाकर वाद-विवाद करती, जहाँ पर मेरा नाम गलत छपा था तो हम इसी बात पर उलझे रहते कि गलती उनकी है, मेरी नहीं। मैंने स्वयं ही सारे दस्तावेज इकट्ठा किए और स्वयं को

सुरक्षित कर लिया। परिणाम, मेरा आवेदन स्वीकृत हुआ और वर्षों के लिए मेरा लाइसेंस तैयार था। मैं सोलह वर्ष की युवती की तरह अपनी उपलब्धि पर प्रसन्न थी, मानो मैंने नौकरशाही संबंधी कोई जीत हासिल की हो और बिना कुछ खोए काम करवा लिया।

इससे स्पष्ट है कि कर्म ही विजय की कुंजी है। जब पुन:स्थापन की प्रक्रिया आरंभिक स्थान पर हो, तभी अपने कर्मों से इच्छा के बीज को ऊर्जा देकर साहस दिखाएँ। जब आप विश्वास करेंगे, तभी इच्छाओं के पूर्ति रूप फूल खिलेंगे और निरंतर कार्यरत रहने पर लक्ष्य पूरा होने का सुख मिलेगा।

वरदान या अभिशाप

—डॉ. नेपोलियन हिल

यह मनुष्य की प्रतिक्रिया पर निर्भर करता है कि असफलता अभिशाप है या वरदान। यदि कोई असफलता को विधि का इशारा समझ किसी और दिशा में जाने का इशारा समझता है और वह प्रयत्न करते हुए आगे बढ़ता है तो निश्चित ही उसके लिए हार वरदान साबित होगी; परंतु यदि असफलता को कोई कमजोरी समझकर उस हार के बारे में ही सोचता रहता है, जब तक वह मनोग्रंथि न बन जाए, तो ऐसे इनसान के लिए असफलता अभिशाप है। यह मनुष्य की प्रतिक्रिया ही है, जो उसकी हार या जीत की कहानी बनाती है और यह हर व्यक्ति के अपने वश में है।

इस दुनिया में किसी भी व्यक्ति के पास असफलता से प्रतिरक्षा की दवा नहीं। हर इनसान अपने जीवनकाल में कई स्तरों पर असफल होता है; किंतु साथ ही उसे उस असफलता के प्रति क्या अभिक्रिया देनी है, इसका विशेषाधिकार भी प्राप्त है।

परिस्थितियों पर किसी का वश नहीं और कई बार वे असफलता

का कारण भी बनती हैं; किंतु ऐसी कोई परिस्थिति नहीं, जो हमें ऐसी प्रतिक्रिया देने से रोके (जो हार होने पर भी) और हम भलाई में उसे परिवर्तित न कर सकें।

पराजय अपनी कमजोरियों को पहचानने का अत्युत्तम मापदंड है, जो हमें सुधरने का और कमजोरियों को दूर करने का अवसर देती है। इस दृष्टि से देखें तो पराजय वरदान ही है।

❑

सप्ताह—24

नेपोलियन हिल ने लिखा था कि हर व्यक्ति के पास कल्पना-शक्ति होती है, बस, वह उसका सदुपयोग नहीं करता। कितने शर्म की बात है कि हममें से 90 प्रतिशत लोग केवल द्रष्टा होते हैं। वे केवल उतना ही देखते हैं, जो सामने दिखाई दे। ऐसा क्यों? वह इसलिए, क्योंकि हम अपनी कल्पना की परीक्षा नहीं करते।

—डोना ग्रीन सिकोर्सकी

कभी आपने ऐसे शब्दों के बारे में गंभीरता से विचार किया है, जो आपकी कल्पना को गुदगुदाते भी हों और आपको प्रेरित भी करते हों? मेरे दिमाग में 10 ऐसे शब्द हैं, जो पहेलीनुमा लगते हैं—सनकी, खानाबदोश, स्टारशिप, संयोग, वृत्त, श्रद्धा, फूलना-फलना, उदार, रचनात्मक, घुमक्कड़। इन शब्दों को केवल कहने और पढ़ने मात्र से मेरी बुद्धि व इंद्रिय बोध शक्ति कई गुना बढ़ जाती है। मुझे मेरी सीमित कल्पना के परे सोचने को ठेलती है।

मैंने इन्हीं शब्दों को वाक्य में प्रयुक्त करने की कोशिश की है।

"उस घुमक्कड़ खानाबदोश ने अपनी रचनात्मक संकल्पना के आधार पर ऐसी स्टार शिप (सितारे के आकार का अंतरिक्ष में घूमनेवाला जहाज) की कल्पना की, जो सनकी जीवधारियों से भरे हों। संयोग से वे जीवधारी

चक्राकार पुष्प-पुंज उस खानाबदोश भविष्य बतानेवाली उदारमना और उसके मन की श्रद्धा के समान थे।''

आपको यह भ्रांत लगा? अब आप प्रयत्न कीजिए। अपने किन्हीं दस शब्दों की सूची बनाइए, जो आपको आकर्षित करते हों और उन्हें इसी तरह वाक्य में प्रयुक्त करने का प्रयत्न कीजिए। फिर सोचिए कि आपने क्या किया। उस रचनात्मक संकल्पना के आधार पर आपने ऐसा क्या किया, जिस योग्यता से आप स्वयं ही अनभिज्ञ थे? हो सकता है कि व्याकरणिक दृष्टि से वह वाक्य ठीक न हो, किंतु प्रयास ने कुछ तो रंग दिखाया होगा, जो आप सामने लिखे शब्दों में देखेंगे। हो सकता है, वह आपका 'उच्च-आत्म' हो, जैसा कि डॉ. नेपोलियन हिल अपने लेखों में बताते हैं।

अपनी कल्पना व रचना-शक्ति को मनाते हुए स्वयं को मस्तिष्क की उन गहन गहराइयों में ले जाइए, जहाँ के अँधेरों में से आप कुछ नया, संवेदनात्मक भाव या विचार बाहर उजाले में ला सकें। तरीकों से अपनी रचनात्मक व अन्य योग्यताओं का विकास करें।

कई बार मुझे लगता है कि खानाबदोशों के जीवन की पार्श्व भूमि व जीवन-शैली के बारे में जानूँ, किसी खानाबदोश के जीवन की कहानी ही लिख डालूँ। कभी लगता है कि हाथ में क्रिस्टल बॉल लेकर देखूँ; कभी लगता है, कमर पर पट्टा, बालों में स्कार्फ और हेलोइन की छवि धारण कर अन्य व्यक्तित्व बनकर तो देखूँ। जो भी संकल्पना या विचार मन में आए, उसे पूरा कर कुछ रचनात्मक कल्पना को पोषित तो करूँ! सिर्फ हमें ही पता होगा कि किसी कल्पना को पूरा करते हुए कहाँ पहुँचेंगे। अगर खतरा मोल उठाया है तो कुछ तो मिलेगा ही—या तो सफलता या अनुभव।

जहाज लंगर पर सुरक्षित रहते हैं; लेकिन हम सभी जानते हैं कि जहाजों का उद्‌देश्य समुद्र की तूफानी लहरों का सामना करना है, न कि निष्क्रिय से बंदरगाह पर खड़े रहना। निकल पड़िए अपने जीवन

का जहाज लेकर नए देश, नया प्रदेश ढूँढ़ने। अपनी अभिरुचि का देश देखने, बिना स्व-अमानचित्र के। न जाने कौन सी बड़ी दुनिया को आप सचमुच खोज निकालें।

अपने मालिक स्वयं बनें

—डॉ. नेपोलियन हिल

अपने लक्ष्य व स्वप्नों को सँजोकर रखिए। वे आपकी रूह के बच्चे हैं, आपकी सर्वोत्तम व सर्वश्रेष्ठ उपलब्धियों की रूपरेखा।

विधाता ने मनुष्य ऐसा प्राणी बनाया है, जो स्वयं के लिए सोच सकता है, आत्म-निर्भर रह सकता है; वह विश्वास और प्रयत्नपूर्वक अपनी इच्छाओं की पूर्ति कर सकता है। यदि आप यह भी नहीं कर सकते तो इसका अर्थ है कि मनुष्य होने के नाते आपने गौरवपूर्ण जीवन नहीं जिया।

मनुष्य का मन-मस्तिष्क अनंत शक्तियों से परिपूर्ण है और उनका उपयोग अपेक्षित है, न कि उपेक्षा। या तो इन शक्तियों का सदुपयोग कर जीवन को वरदानों से भर लीजिए, औरों के साथ बाँटिए या फिर उपयोग न करने पर खामियाजा भुगतने को तैयार रहिए। यदि आपको पता है कि प्रकृति की विभिन्न ॠतुओं की मार से स्व-रक्षा हेतु आपको मकान बनाना है; आप जानते हैं कि मकान के लिए आवश्यक सामग्री कैसे मिलेगी और कहाँ मकान बनाना है और आप फिर भी सत्यता की उपेक्षा कर घर नहीं बना रहे तो बारिश और बर्फ की मार तो आप ही को झेलनी पड़ेगी।

हम अपने आसपास उपलब्ध धन व मानसिक शांति को अपनी शक्तियों द्वारा पाने का प्रयास नहीं करते। परिणामत: हम गरीबी, लाचारी, चिंता व बीमारियों से घिरे रहते हैं और फिर भी दूसरों को दोषी ठहराते हैं।

विश्वास रखिए। मनुष्य का दिमाग जिस बात पर विश्वास व श्रद्धा रखता है, वह अपनी उस हर इच्छा को पूरा कर सकता है।

''गरीबी में विश्वास कीजिए, आप गरीब होंगे। अमीरी व धन में विश्वास कीजिए, आप धनी रहेंगे। प्रेम में विश्वास कीजिए, आपको अपार प्रेम मिलेगा। स्वास्थ्य में विश्वास कीजिए, आप स्वस्थ रहेंगे।''

❑

सप्ताह–25

किसान को हम एक खूबसूरत और प्रेरक उदाहरण मान सकते हैं, जो सुबह मुरगे के बाँग देने के साथ ही काम पर लग जाते हैं और सूर्यास्त होने पर घर वापस लौट आते हैं। उनके प्रेरक बनने का कारण उनका प्रकृति के साथ मिलकर कार्य करना है, जहाँ उच्च स्तर के दैवी अनुशासन का पालन किया जाता है। प्रकृति किसान को हर रोज नए रूप में प्रेम व प्रसन्नता प्रदान करती है।

—लॉरेटा लेविन

नेपोलियन हिल लिखते हैं—“17 सिद्धांतों की शक्ति केवल सिद्धांतों में निहित नहीं है, उनके लागू होने और सदुपयोग में है। जब वे सिद्धांत हम जीवन में लागू करते हैं, ये सिद्धांत सोचने का तरीका बदल देते हैं और हमारा नकारात्मक दृष्टिकोण सकारात्मक में परिवर्तित हो जाता है। यह आशावादी सोच सफलता तो दिलाती ही है, जीवन को समृद्ध रखनेवाले 12 तत्त्वों को भी अपनी ओर आकर्षित करती है।”

डॉ. नेपोलियन हिल उन सिद्धांतों को वर्णमाला से जोड़कर नए-नए संयोग बनाने को प्रेरित करते हैं। मान लीजिए, अक्षर ‘अ’ आपके कुछ अधिक करने का प्रतीक है तो एक कागज पर ‘अ’ से कोई ऐसा वाक्य लिखिए, जो आपको कुछ अधिक करने को प्रेरित करे। उसके बाद आ, इ, ई आदि पूरी वर्णमाला के समक्ष छोटे-छोटे वाक्य लिखें और कार्य करना आरंभ कर दें।

उदाहरण देखिए—

1. अ - अपनी मेज को मैं ऐसे रखूँगी कि आसानी से काम कर सकूँ।
2. आ - आज कंप्यूटर पर रोज के कार्य को व्यवस्था से फोल्डर में रख दूँगी।
3. इ - इत्मीनान से सहकर्मी से रोज के कार्य के विषय में संपर्क करूँगी, बातचीत करूँगी।
4. ई - ईश्वर से औरों के लिए प्रार्थना करूँगी।
5. उ - उर्जित रहने हेतु प्रत्येक एक घंटे के बाद इधर-उधर घूमूँगी।

अब इसी तरह वर्णमाला की अपनी सूची बनाइए, जिसमें लाभकारी दिनचर्या की चर्चा हो। स्वयं के साथ विचारावेश कीजिए, जब तक वर्णमाला पूरी नहीं हो जाती।

जब आपका एक उद्‍देश्य पूरा हो जाए तो अपने अंतर्मन से अगले लक्ष्य के बारे में पूछिए। आपको तुरंत उत्तर मिलेगा। आपको परिणाम केवल कर्म करते रहने में मिलेगा, केवल उसके बारे में सोचने या चिंतन करने में नहीं।

इन छोटे-छोटे अभ्यासों से अपने लक्ष्य की ओर बढ़ना आरंभ कीजिए। ये आपको जीवन में बहुत काम देंगे।

'कुछ अधिक' करने की आदत के फायदे

—डॉ. नेपोलियन हिल

'कुछ अधिक' करने की आदत उन सभी को आपकी ओर आकर्षित करती है, जो आपके जीवन में सुअवसर और प्रगति के रास्ते खोल सकते हैं।

- यह आदत मनुष्य को सभी संबंधों में महत्त्वपूर्ण और अनिवार्य

बना देती है, जो कुछ निजी विशेषाधिकार भी अनायास ही दिला देती है।

- प्रयासों के कई रूपों में मानसिक विकास, शारीरिक निपुणता और पूर्णता लाती है, जो आपको अपनी आर्थिक दशा सुधारने में, अर्थात् कमाई के रास्ते ढूँढ़ने में मदद करती है।
- यह आपको बेरोजगारी से बचाती है, खासकर तब जब सीमित लोगों को कार्य पर रखने के लिए चुना जाता है और आपके पास कई विकल्प (नौकरी के) मौजूद होते हैं।
- आपको यह दूसरों के मुकाबले असाधारण बनाती है, क्योंकि अधिकतर लोग इस आदत के अभ्यस्त नहीं होते।
- यह आदत आशावादी सोच और मनमोहक तथा आकर्षक व्यक्तित्व का निर्माण करती है, जो सफलता को अच्छे रूप में लेने को प्रेरित करती है।
- यह आदत आपको तीव्र बुद्धि, सचेत तथा कल्पनाशील बनाती है, जिससे आप और अच्छी सेवाएँ देने को प्रेरित होते हैं।
- यह पहलकदमी की आदत का विकास करती है।
- ज्यादा साहसी व आत्मनिर्भर बनाती है।
- यह दूसरों में उनके स्वयं के लिए आत्म-विश्वास लाने का प्रयास कराती है। वे खुद की सत्यनिष्ठा में विश्वास करने लगते हैं।
- यह काम टालनेवाली विनाशकारी आदत से हमेशा के लिए छुटकारा दिलाती है।
- यह मनुष्य को उद्देश्यहीनता से बचाते हुए उसे दृढ़ निश्चयी बनाती है।

❑

सप्ताह–26

कई वर्षों से उपयोग में लाया जा रहा भूलभुलैया ध्यान का शारीरिक रूप है। जब हम अति घुमावदार रास्तों पर चलते हैं तो शरीर और मस्तिष्क जगत् शक्ति के लिए खुल जाता है। साधारण चिंतन या ध्यान करना क्षणिक 'आ-हा!' क्षण दे जाता है। इस प्रकार के ध्यान में कुछ तो बदलाव होता है, मनुष्य प्रेरित होता है और दूरदृष्टि के अनुरूप मन-मस्तिष्क में बहुत कुछ पुनर्स्थापित होता है।

—उरील मार्टिनेज

डॉ. हिल के अनुसार, सृजनात्मक दृष्टि एक व्यवस्थित परिभाषित लक्ष्य का परिणाम होती है, जिसके मूल में जगत् शक्ति होती है। वे आगे बताते हैं कि सृजनशील दृष्टि आपके कार्य घंटे नहीं मापती, न ही उसे आपके आर्थिक मुआवजे से कोई लेना-देना है। उसका उच्चतम लक्ष्य असंभव को संभव बनाना है। वाह! कितना अच्छा लगता है, जब कोई यह कहकर आपकी प्रशंसा करता है—वाह, आप कितने रचनात्मक (creative) हैं। यदि आपकी सृजनशीलता उत्तम है तो आप मानकर चलिए कि आप 'चमत्कारी कार्यकर्ता' हैं।

सृजनात्मकता को सम्मान अपेक्षित है। जब कोई रचनात्मक कार्य कर रहा हो तो उसे राह दे देनी चाहिए। उस सर्वश्रेष्ठ सृजनकर्ता (ईश्वर)

को मनुष्य के माध्यम से कार्य करने देना चाहिए, फिर माध्यम चाहे आप ही क्यों न हों। उदाहरणतया, पाकशास्त्र भी सृजनात्मकता की अपेक्षा रखता है—केवल व्यंजन बनाते हुए नहीं, व्यंजन की विधि मस्तिष्क में बनाते हुए भी। सृजनात्मकता कार्य के रूप में दिखती है। हो सकता है, वह तुरंत न भी दिखे, हममें रचनात्मक शक्ति जन्म से भी होती है। हम उसका विकास कर सकते हैं। बस, आवश्यकता है तो वह माध्यम ढूँढ़ने की, जिसके द्वारा हम अपनी इस शक्ति का सदुपयोग कर सकें।

हम सभी सृजनशील हो सकते हैं, चाहे कलाकार हो, बावर्ची हो, दर्जी, माली, संगीतकार, लेखक/लेखिका आदि। कल्पना जब कार्य करने लगती है तो वह सृजनात्मकता बन जाती है। स्वयं को सहजता से मिली इस प्रतिभा का सदुपयोग करें। पहले आत्मसात् करें, फिर विश्वास करें, और फिर पाएँ। सृजनात्मकता अंदर से बाहर की ओर कार्य करती है। डॉ. हिल हमें स्मरण दिलाते हैं, ''सृजनात्मक दृष्टि कल्पना के उन्मुक्त और निर्भय प्रयोग द्वारा ही संभव है।'' हमारा काम ईश्वर द्वारा प्रदत्त प्रतिभाओं के दायरे में अपनी सृजनात्मकता को कार्यान्वित करना है। हमें ईश्वर ने रचनात्मकता का गुण दिया है। यह हमारा कार्य है कि इस धरती पर रहते हुए उस गुण का सदुपयोग करें। अभी कार्य आरंभ कीजिए। फिर देखिए चमत्कारिक परिणाम।

जगत् शक्ति की महिमा

—डॉ. नेपोलियन हिल

असल में, सृजनात्मक दृष्टि भौतिक वस्तुओं की प्राप्ति से कहीं आगे तक विस्तृत होती है। यह भविष्य को अतीत से आँकती है; पर इस दृष्टि की दिलचस्पी अतीत से ज्यादा भविष्य में होती है। संकल्पना शक्ति तर्क व अनुभवों से प्रभावित व नियंत्रित होती है, किंतु सृजनात्मक

शक्ति अनुभव व तर्क की उपेक्षा कर अपना लक्ष्य नए उपायों व तरीकों से पा लेती है।

कल्पना-शक्ति सीमाएँ, विरोध व अक्षमता जानती है; जबकि सृजनात्मक दृष्टि इन सब पर नियंत्रण करती हुई यह दरशाती है, मानो इनका (सीमाएँ, विरोध, अक्षमता का) कोई अस्तित्व ही नहीं और वह अपने उद्देश्य को पा लेती है। कल्पना का निवास मनुष्य की बुद्धि में है। सृजनात्मक दृष्टि का निवास जगत् शक्ति में है, जो अपना अस्तित्व मनुष्य की बुद्धि के माध्यम से दिखाती है।

❑

सप्ताह–27

अधिकतर लोग इस बात को जल्दी ही जान लेते हैं कि उन्हें काम टालने की आदत है, जिससे उन्हें काफी नुकसान उठाने पड़ते हैं। जब वे यह बात जान लेते हैं तो इस आदत से छुटकारा भी चाहते हैं। ऐसे लोगों को मैं दो शब्द याद कर लेने की सलाह दूँगा—'अभी करें'। ये दो शब्द सुबह 50 बार और शाम को 50 बार दोहराइए। ध्यान रहे कि यह काम हफ्ता-दस दिन पूरे उत्साह और तेजी से हो, जब तक कि यह बात आपके अवचेतन मन में स्थापित न हो जाए। जैसे ही यह हो जाएगा, व्यक्ति अपने कर्म क्षेत्र की ओर तुरंत ही अग्रसर हो जाएगा।

—डब्ल्यू. क्लीमेंट स्टोन

एक फ्रांसीसी मनोवैज्ञानिक एमिली कॉए ने विश्व को स्वास्थ्य चेतना को स्वस्थ रखने का सरल व प्रभावकारी मंत्र दिया। उन्होंने यह वाक्य हर रोज दोहराने को कहा, "मैं हर रोज, हर तरह से बेहतर और बेहतर हो रहा/रही हूँ।" एक बार आपका अवचेतन मन इस बात को समझकर, अपने में बसाकर क्रियाशील हो जाए तो परिणाम स्पष्टतः अच्छा स्वास्थ्य ही होगा। सिक्के का दूसरा पहलू, "यदि आप सोचें कि आप बीमार हैं तो आप बीमार होंगे।"

आप किस तरह का अनुसरण करना चाहेंगे? हमारा मस्तिष्क एक समय में दो प्रतिस्पर्धी नहीं ले सकता। उसकी भी सीमाएँ हैं। जो विचार

प्रधानता से परिपूर्ण हो, वही अवचेतन मन ग्रहण कर अस्वैच्छिक प्रबल क्रियाओं को जन्म देता है और कोशिकीय स्तर पर परिवर्तन आता है। यदि हम उस सरल वाक्य को अपना लें और अंतर्मन से यह मान लें कि हम वही बनते हैं, जो विचार करते हैं तो कितना अच्छा हो।

मुझे अकसर यह देखकर आश्चर्य होता है कि किस प्रकार लोग कष्ट के कारणों का पता लगाने के लिए अस्पतालों में जाँच के लिए पंक्तिबद्ध होते हैं; किंतु स्वयं को रोग-मुक्त रखने के लिए कोई योजना बना पहले से सक्रिय नहीं रहते। कोई भी बीमारी सूक्ष्म रूप में अप्रत्यक्ष ही होती है। जब जाँच होनी शुरू होती है तो पिछले सभी दिनों का जायजा लेना पड़ता है, जो कि थोड़ा कठिन होता है। तो क्यों न अवरोधात्मक प्रक्रिया करें ? ये इलाज, अलंकृत भाषा में कहें तो मालिश, ध्यान करना, तनाव-मुक्त विश्राम, सैर, संतुलित आहार, सुगंध चिकित्सा आदि हैं। यदि आप निजी स्तर पर ही कुछ बातों का स्वयं ध्यान रखें और परेशानी शुरू होते ही उस पर ध्यान देना आरंभ करें तो चिकित्सा जाँच की आवश्यकता ही नहीं पड़ेगी और आप तंदुरुस्त ही रहेंगे। अपनी भावनाओं और विचारों को नियंत्रित करें, भाग्य स्वयं ही वश में हो जाएगा। हर दिन स्वस्थ अच्छे और सकारात्मक विचार ही मन में लाएँ।

स्व-सलाह

—डॉ. नेपोलियन हिल

स्व-सलाह के माध्यम से हर व्यक्ति का मस्तिष्क सोचने के लिए उत्तेजित होता है; परंतु दुर्भाग्य से अधिकतर ये विचार नकारात्मक होते हैं। उनमें ज्यादातर विचार वे होते हैं, जिनका कोई अस्तित्व ही नहीं होता; जैसे—भय, चिंता, ईर्ष्या, नफरत, जलन, लालच, अंधविश्वास आदि।

वह व्यक्ति सबसे सफल होता है, जो स्व-सलाह के माध्यम से अपने

मस्तिष्क को उन विचारों से पोषित करता है, जिसमें उसकी अभिलाषाएँ, स्वास्थ्य व चेतनता हो।

अगर आप ध्यान से स्व-सलाह के सिद्धांतों को पढ़ें और उनका विश्लेषण करें तो पाएँगे कि स्व-सलाह ही अच्छी सेहत या बीमारी का वाहक है। यही ऐसा माध्यम है, जिससे रोग-भ्रमित अपने मन-मस्तिष्क को दूषित कर अपने बीमार होने पर विश्वास कर लेता है; जबकि वह बीमारी कहीं और नहीं, आपके दिमाग में होती है।

स्व-सलाह पर भी ध्यान दें; क्योंकि यही वह सिद्धांत है, जिससे व्यक्ति अपने अवचेतन मन को अपने जीवन के लक्ष्य के स्पष्ट संकेत देता है।

धर्म, चाहे किसी भी संप्रदाय का हो, मन को प्रेरित करनेवाला सबसे उच्च व श्रेष्ठ भाव है और इस विश्वास में अनंत शक्ति व बुद्धिमत्ता के लिए कोई नकारात्मक भाव नहीं होता। यह स्वस्थ शारीरिक स्थिति के निर्माण में सहायता देता है।

अच्छा खाएँ, अच्छा सोचें, पूरी नींद लें, खेलें और वह दिन दूर नहीं, जब आप पैसे डॉक्टर पर नहीं, बल्कि छुट्टियों से मजे करने पर व्यतीत करेंगे।

जब यह दुनिया सच्चे अर्थों में सभ्य हो जाएगी, तब धर्म सभी मानवीय संबंधों में प्रधान होगा। वह नौकरी पर भी जाएगा और घर में खेलते समय भी रहेगा। वह धर्म मनुष्य का हर क्षेत्र में मार्गदर्शन करेगा। मनुष्य उस धर्म पर केवल विश्वास ही नहीं करेगा, उस धर्म के अनुसार जिएगा। तब वह उस पंथ का अनुसरण करेगा, जो कि मनुष्य जाति के लिए हर तरह से लाभप्रद हो।

❑

सप्ताह–28

यदि मैं बीमार और घायल को उनकी जीवन-वृत्ति या पेशे की दृष्टि से देखूँ तो उनके जीवन में आए असंतुलन को आसानी से देख पाती हूँ। हम उपचारात्मकता (Healing) को डॉक्टर व अस्पतालों से जोड़ देते हैं, बिना यह जाने कि हमारे भीतर ही वह शक्ति है, जिससे हम सच्चाई में भी परिवर्तन ला सकते हैं। स्व-उपचारात्मकता का वरदान हम सभी के पास हर समय उपलब्ध है। बस, आवश्यकता है तो उसपर श्रद्धा रखकर क्रियाशील होने की।

—लॉरा डायट्रीच-लेक

जीवन दु:ख-दर्द, सदमे देनेवाली विनाशकारी घटनाओं से हारकर बैठ जाने का नाम नहीं है। ऐसा कभी आपके साथ हुआ या आपने सोचा कि ऐसा हुआ है या नहीं? अधिकतर सभी पाठकों का उत्तर होगा—'हाँ'। चाहे सच्चाई में या काल्पनिक, हम सभी को ऐसे बुरे अनुभव अवश्य हुए होंगे और हममें उससे उबरने के सारे आसार धुँधले नजर आए होंगे। ऐसे में उबरने के लिए चाहिए कि हम शारीरिक सीमाओं से परे जाकर कुछ करें। इसका अर्थ यह है कि हम अपने अंदर ही ऐसी हलचल, गति या आंदोलन पैदा करें, जो हमें अपनी निराशा की जंजीरों से बाहर, आसपास या किसी भी तरह, उन जंजीरों को तोड़ने में मदद करे। आप जितनी जल्दी कुंठा और उदासी से बाहर आने के लिए क्रियाशील

रहेंगे, उतना अच्छा। हमारे आगे बढ़ने का जज्बा ही हमें अलग समय और स्थान पर ले जाएगा। केवल स्वयं में सिमटकर रह जाने से अच्छा है कि आसमान की ओर, सितारों की ओर देखें और अपने उच्च-आत्म की तरफ बढ़ने का प्रयास करें। डॉ. नेपोलियन हिल पिछले को भूलकर आगे बढ़ने को ही जीवन मानते हैं।

अभी हाल ही में मैंने एक सूचना-पट पर एक सुविचार पढ़ा—''पीछे मत देखिए, आप उस दिशा की ओर अग्रसर नहीं हैं।'' इन दो छोटे उपवाक्यों ने स्पष्ट कर दिया कि जीवन भविष्य की ओर केंद्रित होना चाहिए, न कि बीते हुए कल के भार से ग्रस्त। यदि हम बीते हुए कल में जीते हैं तो हम वर्तमान और वर्तमान में उपलब्ध कितने ही उपहारों से वंचित रह जाते हैं। निस्संदेह अतीत का सम्मान करना चाहिए, क्योंकि उसने हमारा 'आज' बनाने में सहयोग दिया; किंतु यदि हम अतीत में ही अटके रहे तो हमारे जीवन में किसी नए का संचार नहीं हो पाएगा। जैसे कोया से बाहर आनेवाली तितली पूरी तरह इल्ली से नया रूप ले चुकी होती है, उसी प्रकार अपने बीते हुए कल के अनुभवों से सीख लेकर भव्य व्यक्तित्व से वर्तमान में कदम रखें।

सफलता के नुस्खे

—डॉ. नेपोलियन हिल

आपके जीवन के हर प्रयास में शिक्षा, निपुणता व अनुभव उपयोगी संपत्तियाँ हैं; किंतु उनका महत्त्व तब कम हो जाता है, जब मनुष्य किसी कारण से हार जाए और निराश भी हो जाए, जैसे रेगिस्तान में जब कोई अरब हार जाता है तो वह अपना बोरिया-बिस्तर बाँधकर चुपके से भाग जाता है। कई बार निश्चित लक्ष्य, श्रद्धा और दृढ़ निश्चयी भी परिस्थितियों की मार से हार जाता है; किंतु ऐसा व्यक्ति बहुत दिनों तक

हारा नहीं रहता, क्योंकि उसका मानसिक दृष्टिकोण उसकी हार को जीत में परिवर्तित कर देता है।

पराजय और प्रतिकूलताओं ने अनेक मनुष्यों को सुअवसरों से परिचित कराया, जो कि साधारण अनुकूल परिस्थितियों में उन अवसरों का लाभ नहीं उठा पाते।

एक मनुष्य की मानसिकता उसकी पराजय की प्रतिक्रिया से भी पता चलती है। उसके दृष्टिकोण से यह आसानी से पता लगाया जा सकता है कि भविष्य में वह परिस्थितियों को अनुकूल बनाकर सफल हो जाएगा या हार उसे निराशा की ओर धकेलती हुई ले जाएगी।

जीत या हार में अंतर पैदा करनेवाली परिस्थितियाँ अधिकतर इतनी अस्पष्ट होती हैं कि उन स्थितियों के मूल कारणों की ही उपेक्षा हो जाती है और अधिकतर ये परिस्थितियाँ मनुष्य के विचारों में ही अधिक होती हैं, जिसके कारण वह अस्थायी हार का सामना करता है। आशावादी सोचवाला व्यक्ति और दृढनिश्चयी बनकर पराजय स्वीकारता है; जबकि नकारात्मक सोच रखनेवाला उस हार को हताश भाव से स्वीकृति देता है।

❑

सप्ताह–29

इस बात से कोई फर्क नहीं पड़ता है कि आप कितने छोटे थे, जब इस दुनिया में आए। महत्त्व इस बात का है कि आप हर दिन कितना और किस रूप में बढ़े। उच्चतम स्तर का स्वानुशासन ही आपको आध्यात्मिक, बौद्धिक, आर्थिक और सामाजिक रूप से समृद्ध होने में सहायता देता है।

—वर्जीनिया वार्ड

ग्रीष्म ऋतु की प्रचुरता की हम पर कृपा है। मैं तो प्रकृति के बहुसर्जनात्मक उत्पादन को देख विस्मित हूँ। मेरे आँगन का आड़ू का एक ठिंगना पेड़ सालाना 700 आड़ुओं का उत्पादन कर लेता है। उस फसल में आड़ू का एक और बगीचा लगा देने जितने बीज होते हैं। कितने आश्चर्य की बात है कि जो सेब मैंने अभी खाया, उसमें अनगिनत सेबों का उत्पादन करनेवाले पेड़ों के बीज विद्यमान थे। आश्चर्य!

अगर हम सूक्ष्मता से देखें तो हम ब्रह्मांड में एक और ब्रह्मांड देख सकते हैं। एक सेब में छुपा पूरा उपवन, एक आड़ू के पेड़ में छुपा आड़ू का बगीचा, वैसे ही हमारे द्वारा औरों के लिए की गई अच्छाई का भी क्षेत्र विस्तृत होता है। इस बात में जगत् का एक बहुत अथाह रहस्य छुपा हुआ है। हम जैसा भी दूसरों के साथ करते हैं, वह न केवल वरदान या अभिशाप के रूप में हम तक आता है, बल्कि उसमें हमारा जीवन बदल देने की क्षमता होती है। मानो छोटे से बीज में अनंत चमत्कार!

कई बार हममें से अधिकतर लोग यह सोचते हैं कि चाहे हम भला करें या बुरा, हमारे कर्म ज्यादा परिवर्तन नहीं लाते और विचारों से कोई फर्क नहीं पड़ता; लेकिन सच्चाई तो यही है कि हमारे कर्मों और विचारों की ऊर्जा न केवल हमारे जीवन को प्रभावित करती है, बल्कि हमारे आत्मीय और दूसरों (परायों) को भी प्रभावित करती है। हमारी अपनी छोटी सी दुनिया के साथ-साथ हम अपने आस-पास एक बड़ा विश्व भी बनाते हैं, जिससे हम अनभिज्ञ (अपरिचित) रहते हैं।

चाहे वह तालाब में बार-बार उठनेवाली तरंगें हों, चाहे ताल की गूँज हो, चाहे सांत्वना का हाथ हमारे हाथ पर हो—हमारा हर कर्म कई गुना परिणाम देता है; ऐसा नतीजा, जिसकी हम कल्पना भी नहीं कर सकते। हमें अपनी संवेदनाओं से परे जाकर इन बातों को समझने की आवश्यकता है।

चलिए, मान लेते हैं, हर वक्त विचारों और कर्मों के प्रजि सजग रहना असंभव है; परंतु हम प्रयास करें तो अभ्यास से हम इनका ध्यान रख सकते हैं।

यदि हम स्वयं को इन विचारों और कर्मों के परिणामों का अहसास दिला दें कि ये किस तरह हमारे जीवन को परिवर्तित कर सकते हैं। कहने और करने से पहले सोचें एवं विचार करें, सचेत रहें। हमें यह ज्ञात रहे कि हम जो भी कुछ सोच या बोल रहे हैं, वह संक्रामक है, जगत् में फैलकर वापस आएगा और हम उसकी गिरफ्त में आ जाएँगे!

आपकी शानदार मनोग्रस्ति

—डॉ. नेपोलियन हिल एवं क्लीमेंट स्टोन

जितना आप बाँटेंगे, उतना ही आपके पास लौटेगा। यदि आपको उपर्युक्त पंक्ति में शंका है तो करके देखिए, चाहे वह मुसकान हो, जो

आप हरेक को दें; प्यार भरे बोल, एक मधुर प्रतिक्रिया, किसी की मन से प्रशंसा, आशा, प्रोत्साहन, सम्मान, जिसने किया उसको उसकी बात का श्रेय, शाबाशी, अच्छे विचार, अपने साथियों के साथ अच्छाई, दूसरों के लिए प्रार्थनाएँ व खुशियाँ और जरूरत पड़ने पर भला करने हेतु अपना समय।

यदि आपने उपर्युक्त में से कुछ एक भी खुशी से कर दिखाया तो समझ लीजिए, आपने उन लोगों को सुधारने का प्रयास किया है, जिनको इसकी सबसे अधिक आवश्यकता है। स्वयं में ऊपर कही गई विशेषताओं का कर्म के रूप में संचार कैसे करें? आपको स्वयं इस बात के लिए अभ्यास करना जरूरी है कि यह मान लें कि जब आप औरों से बाँटते हैं तो वस्तुएँ बढ़ती हैं और जब आप उन्हें स्वयं तक सीमित रखते हैं तो घटनी शुरू हो जाती हैं। इसीलिए हितकारी और वांछनीय बातें और वस्तुएँ औरों में बाँटिए तथा बुराई व अवांछनीय चीजें स्वयं तक रखिए।

❑

सप्ताह–30

यदि हम कभी समय निकालें और जरा रुककर अपने विचारों को कलमबद्ध करने लगें तो अपना दृष्टिकोण समझने में आसानी हो जाएगी। हमें ज्ञात हो जाएगा कि विभिन्न विषयों को लेकर हमारी मानसिकता सकारात्मक है या नकारात्मक? और कितने ही विषयों को लेकर हम अनायास ही अपनी प्रतिक्रिया दे देते हैं।

—उरील मार्टिनेज

बी जीज (Be Gees) के प्रचलित गीत 'इट्स ओनली वर्ड्स', अर्थात् 'ये तो केवल शब्द हैं' की पंक्तियों का अर्थ इस प्रकार है—''ये केवल लफ्ज हैं। मेरे पास केवल ये ही हैं तुम्हारा मन जीत लेने को, और कुछ भी नहीं! (It's only words/And words are all I have/To take your heart away) और हम कितने ही अनायास शब्दों का दुरुपयोग कर लेते हैं। शब्द जख्म देते भी हैं और भरते भी हैं; लेकिन हम किसी से बातचीत करने जाते हैं, सांत्वना देने जाते हैं तो निंदा अधिक और प्रशंसा कम करते हैं; जबकि शोधकों का मानना है कि निंदा भरे शब्द कभी किसी का भला नहीं कर सकते। सत्य तो यह है कि निंदा बातचीत की सफलता में न केवल बाधा डालती है, बल्कि चिंताग्रस्त परिस्थिति को बिगाड़ देती है और वातावरण को नकारात्मक बना देती है। फिर ऐसे में कोई क्या करे, जब भाषा बातचीत में अप्रभावकारी साबित हो जाए?''

भाषा को प्रभावकारी बनाने का एक और तरीका है—बातचीत में अपनी भाषा का, शब्दों के चयन का ध्यान रखना। बातचीत में एक वक्ता होता है और एक श्रोता। दोनों ही पक्षों को संपर्क के सारे रास्ते खुले रखते हुए सच्चाई से अपनी बात रखनी चाहिए। बिना खुले मन और बुद्धि से ग्रहण किए और प्रतिपुष्टि के बातचीत का कोई लाभ नहीं। अगर कोई प्रतिक्रिया नहीं दे रहा या मन में बात दबा रहा है तो इसे संपर्क या बातचीत नहीं कहेंगे। बातचीत का आधार विचारों का आदान-प्रदान होता है; यह एकतरफा नहीं हो सकती। हम अकसर इन शब्दों में शिकायत सुनते हैं, ''मानो मैं दीवार से बातें कर रहा हूँ/रही हूँ।'' हमें बातचीत में इस प्रकार का अनुभव अवश्य हुआ है। हो सकता है कि हमारे शब्दों को ही नए रूप लेने की आवश्यकता हो। हो सकता है कि हमारे शब्दों में 'मैं' ज्यादा और 'हम' कम हो। हो सकता है कि हमारे शब्दों से लोग रूठते ज्यादा हों? हो सकता है, हमारे शब्द-भंडार को सुसंस्कृत होने की जरूरत हो।

सकारात्मक मानसिक दृष्टिकोण (PMA—Positive mental attitude) विषाक्त शब्दों का विकल्प नहीं रखती; किंतु इसका अर्थ यह नहीं कि उनका अस्तित्व ही नहीं। किंतु मनुष्य को सचेत रहकर इनका प्रयोग नहीं करना है। जिस प्रकार हम पर्यावरण के पदचिह्नों का ध्यान रखते हुए इस धरती की हरियाली का ध्यान रखने का प्रयास कर रहे हैं, क्यों न उसी प्रकार सकारात्मक दृष्टिकोण के पदचिह्नों का भी ध्यान रखें। जैसे कि कहावत है, ''जैसा सोचेंगे, वैसा ही पाएँगे।'' संक्षेप में, जैसा कि आप कहते जाएँगे, वैसे ही पदचिह्न के बाद पदचिह्न, कदम पर कदम आप या तो अपने लक्ष्य के करीब या दूर होते जाएँगे। स्वयं से पूछिए, ''आप किस ओर जा रहे हैं?''

किस तरह अपने अवचेतन मन को सृजनात्मकता के लिए ऊर्जस्वित करें

—डॉ. नेपोलियन हिल

अभी के लिए यह याद रखना आवश्यक है कि आपके रोजमर्रा के जीवन में आपके सभी प्रकार के विचार (चाहे वे आवेगपूर्ण हों या नहीं) अनायास ही आपके अवचेतन मन तक पहुँच रहे हैं। कुछ आवेगपूर्ण विचार आशावादी हैं और कुछ नकारात्मक। अब आप अपने नकारात्मक आवेगपूर्ण विचारों के बहाव को रोकने का प्रयास करते हैं और अस्वैच्छिक प्रभावों को अवचेतन मन को प्रभावित करने से रोकते हैं। इसके लिए आप सकारात्मक इच्छाओं को प्रबल करने का प्रयास करते हैं।

जब आप ऐसा करने में समर्थ हो जाते हैं तो आप अवचेतन मन तक पहुँचने का द्वार केवल खोल ही नहीं लेते, बल्कि उस द्वार पर पूरा नियंत्रण भी कर लेते हैं कि कोई अनिच्छित विचार भी आपके अवचेतन मन को प्रभावित नहीं कर पाता।

मनुष्य का हर सृजन एक आवेगपूर्ण विचार के रूप में होता है। मनुष्य तब तक किसी बात का निर्माण नहीं कर सकता, जब तक वह उसे विचारों में आत्मसात् नहीं कर लेता। कल्पना-शक्ति की सहायता से वे विचार योजना के रूप में एकत्र होते हैं। जब यह संकल्पना नियंत्रित होती है तो योजना-निर्माण या लक्ष्य-निर्माण में सहायता देती है, जो कि मनुष्य चुने हुए व्यवसाय में उसे सफलता दिला सकता है।

सभी प्रबल विचार, जो अवचेतन मन में स्थापित होते हैं, यदि भौतिक रूप में परिवर्तित होना चाहते हैं तो उन्हें कल्पना की राह से गुजरना पड़ता है और श्रद्धा में घुल-मिल जाना पड़ता है। श्रद्धा का योजना या उद्देश्य में मिल जाना और अवचेतन मन में मिल जाना केवल संकल्पना के माध्यम से ही संभव है।

इन सभी कथनों से स्पष्ट है कि अवचेतन मन का जागरूक होकर प्रयोग करने के लिए सभी सिद्धांतों का लागू होना और उनका आपस में तारतम्य होना अनिवार्य है। ❑

सप्ताह—31

आप किस प्रकार दीर्घावधि की सोच, अंतर्मन के चिह्नों का निर्माण और उनका जीवन एवं व्यवसाय में तारतम्य बिठा सकते हैं? किस प्रकार इस तरह के उद्देश्य को अपनी संस्था की प्रक्रिया बना उसके लिए इस विश्व बाजार में साख बनाने हेतु फायदेमंद बना सकते हैं? इस गठबंधन के लिए आवश्यकता होती है तालमेल की, व्यवस्थित रूपरेखा-युक्त उद्देश्य की और मानसिक सलाहकारों की सेना की; जैसे कृतज्ञता, श्रद्धा, प्रेम, व्यवहार, आशा, ज्ञान और धैर्य की।

—जमील अलबुक़र्क़

एक योजनाबद्ध गठबंधन अपने सहभागियों को सामूहिक लक्ष्य के हित के लिए तालमेल रखते हुए कार्य करने को प्रेरित करता है। जीवन के अधिकतर सभी क्षेत्रों को देखें तो पता चलता है कि इस जीवन में कोई भी मनुष्य, सारे कार्य अकेले नहीं कर सकता। हर एक व्यक्ति के पास कोई-न-कोई खूबी है; पर एक व्यक्ति न सर्वज्ञ हो सकता है और न ही सारे कार्य अकेले कर सकता है। सफल होने के लिए व्यक्ति को क्षेत्र विशेष में माहिर होना जरूरी है। यह किया जा सकता है। यदि आपने कोई एक व्यवसाय, क्षेत्र या तरीका चुन लिया है तो दूसरे अवसर आपका मार्ग बन जाते हैं। किसी क्षेत्र विशेष में पारंगत होना कला है, किंतु विभिन्न क्षेत्रों में उसी निपुणता से कार्य करना असंभव और अव्यावहारिक

है। जो कार्य हम कुशलता से नहीं कर सकते, वह हम दूसरों को देते हैं, चाहे वह शल्य-चिकित्सा हो या दंत-चिकित्सा आदि। हर क्षेत्र में विशेषज्ञों की आवश्यकता पड़ती है।

जीवन को भौतिक रूप से जीने के लिए हम कई तरह की सेवाओं का उपभोग करते हैं। डॉ. नेपोलियन हिल के अनुसार, हम अपने आंतरिक जीवन में भी ऐसा कर सकते हैं। यदि हमें अपने शरीर के विभिन्न तंत्रों का निरीक्षण करना पड़े तो हमारा पूरा दिन उसी में व्यतीत हो जाएगा, चाहे वह रक्त-संचार हो, श्वसन या पाचन-क्रिया आदि हो। हमें यह सबकुछ नहीं करना पड़ता, क्योंकि हमारा तंत्रिका तंत्र है। उदाहरण के लिए, श्वसन क्रिया। साँस लेने की क्रिया में हमें स्वयं को याद नहीं दिलाना पड़ता। वह स्वाभाविक रूप से होती है और जब नहीं होती तो हमें सोचना पड़ता है कि क्या करें!

डॉ. हिल मानते हैं कि हम अपने शरीर के क्षेत्र विशेष का जिम्मा किसी और को दे देते हैं तो हम विषयेतर बातों में अपनी ऊर्जा व समय गँवाने से बच जाएँगे। जैसे मानसिक शांति के युवराज का कार्य होगा मस्तिष्क को हर प्रकार की चिंता व भय से मुक्त रखना। शारीरिक 'युवराज' का कार्य शरीर को स्वस्थ और सक्षम रखना। ऐसा करने से हम उन विषयेतर बातों में समय व्यर्थ नहीं गँवाएँगे, जो केवल निगरानी व चिंता के माध्यम से हमारे सृजनात्मक विचारों को कम कर देती है।

मुझे लगता है कि हमें अपने विचारों को 'युवराज' की तरफ भेज देना चाहिए, जो हमारे मन-मस्तिष्क का जिम्मा लेगा और सीधा अवचेतन मन को हमारी सारी जानकारी देगा। इससे हम भी निश्चिंत हो जाएँगे। यही नहीं, हमारा ध्यान सांसारिकता से हटकर आध्यात्मिकता की ओर अग्रसर हो सकता है। मेरी सलाह है—करके तो देखें।

मस्तिष्क के कौशल का व्यावहारिक उपयोग कैसे करें

—डॉ. नेपोलियन हिल

1. स्वयं की उन नौ अदृश्य सलाहकारों के साथ वैसे ही कल्पना करें, मानो मित्रों के साथ खड़े हों। उनको शरीर रूप देकर मित्रों जैसे ही बात कीजिए।
2. उन नौ सलाहकारों का व्यक्तिगत स्तर पर आभार प्रकट कीजिए। रोज रात को सोने से पहले उनको उन सेवाओं के लिए धन्यवाद दीजिए, जो सोते वक्त देंगे और अगले दिन में भी।
3. कोई भी उद्‌देश्य निर्धारित करने से पहले उन सलाहकारों को अपना मस्तिष्क अच्छी बातों से पोषित करने को कहना, ताकि उद्‌देश्य सफल हो सके और पहले ही कृतज्ञता ज्ञापित कर देना।
4. जब कभी आपको अपने उद्‌देश्य या योजना के बारे में कोई शंका हो तो किसी निष्कर्ष पर पहुँचने से पूर्व अपने समस्त ज्ञान के सलाहकार से मार्ग-निर्देशन के लिए निवेदन कीजिए।
5. अपने व्यवसाय या पेशे में किसी के साथ भी कोई समझौता करने से पहले अपने नौ सलाहकारों से निवेदन करें कि जिनसे समझौता या संधि करनी है, उनके भी मन-मस्तिष्क को सही दिशा-निर्देश दें और आपके हित में हो। (यदि आप क्रय-विक्रय के व्यवसाय में हैं तो यह आदत आपके लिए चमत्कारी सिद्ध हो सकती है।)
6. इस बात में अटूट श्रद्धा रखिए कि वे सलाहकार आपकी हर विनती को, आप द्वारा अपेक्षित सभी सेवाओं को पूरा करेंगे, आपकी सेवा में हाजिर होंगे। (ध्यान रहे कि ऐसा करते हुए

दूसरों को हानि या तकलीफ पहुँचाने का निवेदन न कर रहे हों।)

7. मार्गदर्शी 'युवराज' केवल कृतज्ञता के लिए कार्य करता है तो उसकी सेवा लेने से पहले और बाद में आभार प्रकट करें।
8. मस्तिष्क कौशल मंजूषा (Master-mind compact) आपको डॉ. नेपोलियन हिल के सफलता मंत्र से तालमेल बिठाने का विशेषाधिकार देती है; इसीलिए सलाहकारों व पथ-प्रदर्शकों के प्रति आभार व्यक्त करना न भूलें। हर विशेषाधिकार के प्रति कृतज्ञ रहें।
9. मस्तिष्क कौशल के नेपोलियन हिल के गठबंधन से जो परिणाम आएँगे, वे क्षमता में श्रद्धा के अनुपात में वस्तुतः यथार्थ होंगे।
10. मस्तिष्क कौशल मंजूषा का सिद्धांत जिस पर आधारित है, वह वैज्ञानिक दृष्टि से सही है। उसमें दखलंदाजी नहीं है। उसमें सांप्रदायिकता की कोई भूमिका नहीं है। उसका सार श्रद्धा में है और श्रद्धा की ताकत हर धर्म में मानी जाती है।

❑

सप्ताह—32

यदि सफल होने के लिए किसी व्यवस्था की आवश्यकता पड़ती है तो यह मान लेना अत्यंत आवश्यक है कि उस सफलता का मंत्र 'स्वतः प्रेरणा' है। यह 'स्वतः प्रेरणा' कभी भी मनुष्य को पराजय नहीं दिला सकती। हरेक या तो तथ्य है या निर्देश। वे अवचेतन मन को पहले ही प्रभावित कर चुके होते हैं और जब भी आप अवचेतन मन को निर्देश देते हैं, तब ये तथ्य या प्रेरणा काम करते हैं। इसीलिए जो निर्देश आपके लिए महत्त्वपूर्ण और लाभकारी हैं, उन्हें याद कर लीजिए।

—डब्ल्यू. क्लीमेंट स्टोन

शांत मन-मस्तिष्क ही बेहतरीन परिणाम देते हैं। चिंता उद्‌देश्य की ओर से हमारा ध्यान कम कर देती है। हम एक लक्ष्य पर अपना ध्यान तभी केंद्रित कर सकते हैं, जब हम शारीरिक व मानसिक रूप से उस क्रिया-कलाप पर समर्पित हों और अपनी पूरी चिंतन-शक्ति उस पर लगा दें। कई बार समय भी अपनी प्रासंगिकता खो देता है और व्यक्ति घड़ी के समय का भान छोड़ देता है। कई बार घंटे भी मिनटों में बदल जाते हैं और कई बार आप मिनटों में कार्य निबटा लेते हैं, जिन्हें पहले करने में कई घंटे लग जाते थे और वह भी तब, जब हम बहुभार (Multitasker) कार्य-कुशल होते।

मेरे पास अपने 'बंदर दिमाग' को व्यस्त रखने का अच्छा उपाय है, खासकर

जब मेरा दिमाग उस काम को करने नहीं देता, जिसे मुझे प्राथमिकता देनी चाहिए। मैं अपने दिमाग में चल रही नई संकल्पनाओं और विचारों को सूचीबद्ध कर लेती हूँ।

चाहे वे किसी को जन्म-दिवस की शुभकामनाएँ हों, चाहे घर के बाहर के काम, चाहे डॉक्टर के साथ तय किया गया समय—मैं सब एक कागज पर लिख लेती हूँ, स्वयं से वादा करके कि प्राथमिकता अपेक्षित कार्य पूरा करके मैं इस कार्य-सूची पर लौटूँगी। ऐसा करने पर मैं हाथ में लिया गया कार्य एकाग्रचित्तता से कर पाती हूँ और स्वयं को एक समय में एक से अधिक कार्य करने से रोक पाती हूँ, जिसका परिणाम कम या कुछ नहीं होता। यह अधिकतर तब होता है, जब मेरा मन हाथ में लिये गए कार्य में नहीं लगता। साथ में अन्य कामों की सूची रखने से मैं स्वयं को नियंत्रित कर सामनेवाले कार्य को पूरा कर पाती हूँ। यह मेरे मन के दूसरे आत्म को याद दिलाता है कि विकर्षण या विषयांतर होकर काम नहीं चलेगा। कार्य संपूर्ण होने तक लक्ष्य को नहीं भूलना है।

एकाग्रचित्तता से कार्य किए गए बगैर मन की शांति भी हासिल नहीं होती। यदि हमें जीवन में शांति, धैर्य और शाश्वतता का आनंद लेना है तो स्वयं को याद दिलाना पड़ेगा कि कार्य करना ही उस इमारत की नींव है, जो हमें युवावस्था में रखनी है। कर्म ही हमारी आत्मा को घिसकर हमें अपने व्यक्तित्व को निखारने का समय देता है। मनुष्य के अस्तित्व की पहचान उसके कर्मों से ही है। इसी आशा के साथ मैं कामना करती हूँ कि आप हमेशा ही वर्तमान में रहें, हर क्षण को भरपूर जिएँ और जीवन में अच्छे कर्म करके हर पल को सार्थक बनाएँ।

मन की शांति और मस्तिष्क की शक्ति

—डॉ. नेपोलियन हिल

चूँकि जीवन में आप वह सबकुछ पाते हैं, जिस बात को आप आत्मसात् कर चुके होते हैं और आत्मसात् आप उसे करते हैं, जिन बातों में आप मन की गहराइयों व अवचेतन मन से विश्वास करते हैं। यह समझना मुश्किल नहीं कि हमारा जीवन विश्वास व श्रद्धा की शक्ति पर टिका हुआ है।

केवल जीवन जीने की प्रक्रिया इस शक्ति पर निर्भर नहीं करती। उस अनंत और शाश्वत जगत् शक्ति ने मनुष्य को चरम विकास तक पहुँचाया, जहाँ उसे यह भी ज्ञात नहीं होता कि वह जीवित है। हृदय का धड़कना, फेफड़ों का प्राणवायु संचार, पाचन-क्रिया और अन्य शारीरिक क्रियाएँ, जिनका ध्यान मस्तिष्क रखता है और वह मस्तिष्क स्वयं का ध्यान रखने में भी सक्षम है।

इसके अलावा, मनुष्य और भी श्रेष्ठ वर्ग या जाति बनाता है। यही नहीं, मानव अभिलाषा करता है, मस्तिष्क की शक्ति से वह अपनी आकांक्षाओं की पूर्ति करता है। जब वे पूरी हो जाएँ, उसके आगे की अभिलाषाएँ पूरी करने की सोचता है और उसका यह क्रम चलता ही जा रहा है।

भाग्यवश, हमारे दार्शनिकों ने शांति और नीरवता की शक्ति को पहचाना है। इसका अर्थ यह कदापि नहीं कि शांत मस्तिष्क में अभिलाषाएँ नहीं होतीं; बल्कि ऐसा मन-मस्तिष्क होता है, जो आकांक्षाओं व इच्छाओं के सर्वोत्कृष्ट रूपों को समेटता है, विश्लेषण करता है और निर्णय भी लेता है। इसका अर्थ यह बिल्कुल नहीं कि उसी व्यक्ति का मन-मस्तिष्क शांति से ओत-प्रोत होता है, जो सांसारिक व्यवहारों से दूर होता है, जग की हलचल में शामिल नहीं होता। कई बार देखा गया है कि सबसे शांत, धीर-गंभीर व्यक्ति सबसे व्यस्त होते हैं। जब हम मन की शांति की बात करते हैं तो उसे केंद्र मानते हैं, जिसके आसपास बाकी सारी भावनाएँ एवं

विचार आदि घूमते हैं, वैसे ही जैसे डायनुमा ऊर्जा से परिपूरित भी रहता है और निर्माण भी करता है तो भी एक निश्चित ऊर्जा केंद्र से जुड़ा रहता है।

शांत मस्तिष्क बहुत सी बातों को आत्मसात् करने में सक्षम होता है। वह अवचेतन से द्वंद्व नहीं करता और इस प्रकार चेतन मन के कार्य में भी बाधक नहीं बनता और न ही कार्यों में। शांत दिमाग मुक्त होता है, अतः उसकी शक्ति भी असीमित होती है।

❑

सप्ताह—33

जीवन में प्रतिकूलता के समय में उसके समतुल्य हित का बीज अवश्य छुपा होता है; हालाँकि वह लाभ उस क्षण दिखाई नहीं देता, किंतु समय आने पर वह स्वतः ही स्पष्ट हो जाता है, चाहे वह कई वर्षों बाद ही क्यों न हो। जीवन का संकटकालीन (समय) चरण नए अवसरों के द्वार खोलता है।

—डोरी नाएरबो

कोई भी अपने जीवन में बीमार होने की आशा या इच्छा नहीं करता। उत्कृष्ट जीवन के लिए आवश्यक है कि हम सामंजस्य का भाव अपनाएँ। बीमार होने पर हमें ठीक होने पर अपना ध्यान केंद्रित करना चाहिए, जबकि होता यह है कि हम बीमारी के बारे में ज्यादा सोचते हैं। कहने का तात्पर्य यह है कि हमें इस पर अधिक विचार करना चाहिए कि स्वस्थ कैसे रहें, बजाय इसके कि बीमार होने पर क्या करेंगे। बीमारी का खर्चा स्वस्थ रहने के खर्चे से अधिक नहीं होना चाहिए। ''वर्षा होने से पहले छत ठीक करा लेना भी बेहतर है।'' यह कहावत स्वास्थ्य पर भी लागू होती है। हम तब अपनी सेहत का ध्यान रखते हैं, जब बीमार होते हैं; जबकि पहले से ही स्वास्थ्य का ध्यान रखें तो बीमार पड़ेंगे ही नहीं।

शारीरिक ही नहीं, मानसिक स्वास्थ्य की ओर ध्यान देना भी उतना ही आवश्यक है। कई बार जब रोजमर्रा के जीवन में कुछ ऐसा घटित हो

जाता है, जिसके लिए हम तैयार नहीं, तो उसका असर हमारे मन-मस्तिष्क पर काफी गहरा पड़ता है। जब कोई व्यक्ति निजी स्तर पर परेशान होता है, आर्थिक संकट से गुजरता है, पीड़ा से अत्यधिक भावुक हो जाता है या असाधारण तरीके का व्यवहार या प्रतिक्रिया दिखाता है तो उसके अपने भी परेशान हो जाते हैं। वे सोचते हैं कि कहीं ये उदासी या निराशा तो नहीं, हार्मोन संबंधी बदलाव या उससे भी प्रचंड समस्या तो नहीं? एक या दो दिन असाधारण व्यवहार मायने नहीं रखता, परंतु कई महीनों तक ऐसा व्यवहार होने पर इलाज अवश्यंभावी हो जाता है, खासकर तब, जब वह व्यक्ति स्वयं की मदद न कर रहा हो।

स्वयं के स्वास्थ्य को अच्छा रखने के लिए आवश्यक है कि उचित मात्रा में शरीर को आराम दें, आत्मविश्लेषण करें, स्वयं में बदलाव लाएँ। दिन में खुद को भी महत्ता दीजिए। दो कार्यों के बीच थोड़ा साँस लें, मन शांत करें। यह विराम अच्छे भावात्मक व शारीरिक स्वास्थ्य रखने में योगदान देगा। कभी-कभी स्वयं पर भी कृपादृष्टि रखें। खुद के स्वास्थ्य के लिए भी सतर्क रहिए। याद रहे, बिना उत्तम स्वास्थ्य के जीवन अधिक चुनौतीपूर्ण बन जाएगा।

मन-मस्तिष्क की अशांति

—डॉ. नेपोलियन हिल

अपने (वयस्क) जीवन के 60 सालों में यह देख कृतज्ञ होता हूँ कि चिकित्सकों ने मनोदैहिक (मन व देह) बीमारियों की ओर भी ध्यान देना शुरू किया है, जो वास्तव में मस्तिष्क में ही पैदा होती हैं। इतिहास बताता है कि अधिकतर बीमारियाँ मन-मस्तिष्क की अशांति से जन्म लेती हैं। नीचे ऐसी ही बातों की सूची दी गई है; जो मानसिक द्वंद्व, भय व चिंता की वजह से बीमारियों को जन्म देते हैं; जैसे—

1. सिरदर्द
2. अपच (Indigestion)
3. फोड़े
4. संधि-शोथ (Arthritis)
5. लगातार थकान
6. अनिद्रा रोग
7. घावों के भरने की गति धीमी
8. गुर्दे की परेशानी
9. परिसंचारी परेशानी (circulatary trouble)
10. ठंडापन
11. नपुंसकता
12. त्वचा रोग
13. मुख में संक्रमण रोग
14. मलाशयी विकार
15. मांसपेशीय ऐंठन आदि।

इसके अलावा कई मानसिक विकार हैं, जो तंत्रिका (nervous) तनाव से लेकर पागलपन की हद तक जाते हैं और स्वयं दिमाग द्वारा ही पैदा किए गए होते हैं। स्वयं मस्तिष्क ही उन विकारों से लड़ता है। हमारे शरीर व मस्तिष्क द्वारा पैदा की गई बीमारियों की सूची अंतहीन-सी जान पड़ती है। इसीलिए आप अपने अच्छे स्वास्थ्य की ओर ऐसे कदम बढ़ाएँ—

विकार की छवि पर ध्यान ही न दें। वह इसलिए कि हमारे पास विकारों को भौतिक रूप देने का यंत्र मस्तिष्क है, जो निरंतर कार्य करता है। तो क्यों न हम अपने दिलो-दिमाग पर एक स्वस्थ व्यक्ति की छवि बनाएँ, जिसमें अत्यंत ऊर्जा व उत्साह भरा हो?

❑

सप्ताह–34

जब मैंने 'ग्राहक संलग्नता' पर अपना कार्य आरंभ किया तो मुझे मालूम था कि नेपोलियन हिल का अनुसंधान मेरे कार्य में मुख्य घटक की भूमिका निभाएगा। मुझे जल्दी ही यह तथ्य ज्ञात हो गया कि ग्राहकों को पूरी तरह से अपने उत्पाद में संलग्न रखना तब तक असंभव है, जब तक हम अपने श्रमिकों व कर्मचारियों को अधिकार प्रदत्त व अनुबंधित नहीं रखते।

—रे स्टेनडॉल

कितना अच्छा हो, यदि आप स्वयं को एक हफ्ते में पढ़ने के लिए पुस्तकों की संख्या की चुनौती दें। कई बार मैं सोचती हूँ कि मेरे द्वारा पढ़ी हुई पुस्तकों की सूची मेरे द्वारा लिये गए प्रशिक्षण का प्रमाण-पत्र बन सकती है। यदि आप पुस्तकें पढ़ते नहीं हैं, केवल सुनते हैं तो भी आप यह सूची बना सकते हैं। यह सूची दो तरह से आपकी मदद करेगी—

1. यह उन सभी विचारों, संकल्पनाओं और ज्ञान केंद्र के स्रोत का विवरण देगी, जो आपने विभिन्न लेखकों से एकत्रित किए।
2. यदि आप किसी को अच्छी पुस्तक व लेखक के बारे में संदर्भ देना चाहेंगे तो यह सूची मददगार साबित होगी।

यदि आप अपनी सूची का स्तर बढ़ाना चाहते हैं तो आप उसे वर्गीकृत

कर दीजिए, वैसे ही जैसे पुस्तकालय में की गई होती हैं।

असल में, यह वर्गीकरण 'डेवी दाशमिक प्रणाली' पर आधारित है या यों कहिए, 'कांग्रेस प्रणाली के पुस्तकालय' पर आधारित। यह प्रणाली पुस्तकें ढूँढ़ने में मदद करती हैं। यदि आप केवल काल्पनिक साहित्य पढ़ रहे हैं तो इसका अर्थ है कि आपको इस क्षेत्र की काफी जानकारी है, आप विशेषज्ञ हैं; किंतु साथ ही इस बात की ओर भी संकेत करता है कि आपको अन्य वर्ग की पुस्तकें पढ़नी भी आवश्यक हैं। उदाहरणतया, यदि आप केवल प्रेम संबंधी पुस्तकें पढ़ते हैं तो उसके चरित्र, पात्र या कहानी बदल सकती है; परंतु वही कहानी कई रूपों में आई होगी। दूसरे शब्दों में, ये पुस्तकें अपेक्षित बातें ही बताती हैं। क्यों न स्वयं को किसी बड़े खेल की चुनौती दी जाए और स्वयं को ही नई कसौटी पर कसा जाए? ऐसा नया वचन न केवल आपकी जागरूकता बढ़ाता है, बल्कि आपकी आँखें खोल नई अंतर्दृष्टि भी प्रदान करता है।

मैंने 17 सफलता सूत्रों के आधार पर पुस्तकों की एक सूची बनाई है, जो वाकई पढ़ने लायक है—

(क) डेफीनिटेनेज ऑफ परपज (Definiteness of purpose)

1. योर ग्रेटेस्ट पावर, जे मार्टिन कोहे
2. दि आर्टिस्ट्स वेज, जूलिया कॅमरन।

(ख) दि मास्टर माइंड (The Mastermind)

सीबिस्कीट : एन अमेरिकन लीजेंड, लॉरा हिलेनब्रैंड

(ग) अप्लाइड फैथ (Applied faith)

1. बिलीव ऐंड अचीव : डब्ल्यू. क्लीमेंट स्टोन
2. दि मैजिक ऑफ बिलीविंग : क्लॉड ब्रिस्टल
3. टी.एन.टी. दि पावर विदिन यू : क्लॉड ब्रिस्टल

(घ) गोइंग दि एक्स्ट्रा माइल (Going the extra mile)

1. ट्राय गिविंग योरसेल्फ अवे : अ टॉनिक फॉर दीज ट्रबल्ड

टाइम्स, डेविड डन

2. दि ग्रेटेस्ट सेल्समैन इन द वर्ल्ड : ऑग मैंडिनो

(ङ) प्लीजिंग पर्सनैलिटी (Pleasing Personality)

1. हाउ टू विन फ्रेंड्स ऐंड इनफ्लूएंस पीपल—डेल कार्नेगी

(च) Personal Initiative : पर्सनल इनीशिएटिव

1. दि सक्सेस सिस्टम दैट नेवर फेल्स : डब्ल्यू. क्लीमेंट स्टोन
2. दि अलकेमिस्ट : पॉलो कोएल्हो

(छ) पॉजिटिव मेंटल एटिट्यूड (Positive Mental Attitude)

1. दि पावर ऑफ पॉजिटिव थिंकिंग, नॉर्मन विनसेंट पॉल
2. मैंस सर्च फॉर मीनिंग : विक्टर फ्रेंकल
3. लव, मेडिसिन ऐंड मिरेकल्स : बर्नी सिगेल, (MD) एम.डी.
4. पीस, लव ऐंड हीलिंग : बर्नी सिगेल, (MD) एम.डी.

(ज) एंथूजिएजम (Enthusiasm)

1. लाइफ इज ट्रीमेंडस : चार्ली 'ट्रीमेंडस' जोन्स

(झ) सेल्फ डिसिप्लिन (Self-discipline)

1. अ मॅसेज टू गार्शया : एल्बर्ट हबार्ड

(ञ) एक्यूरेट थिंकिंग (Accurate Thinking)

1. की टू योरसेल्फ : वेनिस ब्लडवर्थ

(ट) कंट्रोल्ड अटेंशन (Controlled Atterion)

1. एज अ मैन थिंकेड : जेम्स एलन

(ठ) टीमवर्क (Teamwork)

1. दि वंडरफुल विजार्ड ऑफ ओज : एल. फ्रेंक बॉम

(ड) **लर्निंग फ्रॉम एडवर्सिटी ऐंड डिफीट (Learning from adversity and defeat)**

1. एक्रेस ऑफ डायमंड्स : रसेल कॉनवेल
2. दि एनाटॉमी ऑफ होप : जेरोम ग्रुपमैन, एम.डी.

(ढ) **क्रिएटिव विजन (Creative Vision)**

1. योर वर्ड इज योर वांड : फ्लोरेंस स्कॉवेल शिन
2. दि रिचेस्ट मैन इन बेबीलॉन : जॉर्ज क्लैसन

(ण) **मेंटिनेंस ऑफ साउंड हेल्थ (Maintenance of Sound Health)**

1. वेक अप! यू आर : अलाइव, अर्नाल्ड फॉक्स, एम.डी. ऐंड बैरी फॉक्स, पी.एच.डी.
2. ऐनशिएंट सीक्रेट ऑफ दि फाउंटेन ऑफ यूथ : पीटर केल्डर

(त) **बजेटिंग टाइम ऐंड मनी (Budgeting time and money)**

दि 7 हैबिट्स ऑफ हाइली इफेक्टिव पीपल : स्टीफन कॉवे

(थ) **कॉस्मिक हैबिटफोर्स (Cosmic Habit force)**

दि पावर ऑफ योर सबकॉनशियस माइंड : जोसेफ मर्फी, पी-एच.डी.

नए विचार की आवश्यकता

—डॉ. नेपोलियन हिल

मनुष्य की मानसिक शक्ति निस्तेज होने लगती है, जब वह किसी स्फूर्तिदायक विचार से दूर हो जाता है। यदि किसी की इच्छा-शक्ति को कमजोर करना हो तो उसे सभी बौद्धिक संपर्कों से दूर करना चाहिए—

पुस्तकें, अखबार, रेडियो और सभी संचार माध्यम।

ऐसी परिस्थितियों में मनुष्य की बुद्धि बिना पोषण के कुंठित हो जाती है। ऐसी परिस्थिति में केवल तीव्र इच्छा-शक्तिवाले एवं शुद्ध भाव से श्रद्धा रखनेवाले लोग ही बुद्धि का नाश होने से बचा सकते हैं। क्या आपने स्वयं को सामाजिक व सांस्कृतिक बंदी शिविर में रखा है और दूसरों को आपके मत-परिवर्तन का अधिकार दे रखा है? यदि ऐसा है तो आप स्वयं को सफलता से विलग कर रहे हैं।

समय आ गया है, जब आप अपने पूर्वग्रहों को दूर कर अपनी कैदी प्रज्ञा को उन्मुक्त करें।

मन-मस्तिष्क को खोलिए, उसे आजाद कीजिए।

❑

सप्ताह—35

हम जब पुराने दिन याद करते हैं तो अस्पष्ट यादें हमारे मन को गुदगुदा जाती हैं और मन भर आता है। हमारी यादें अधिकतर अच्छी बातों की ओर ले जाती हैं और हम बुरी यादों से बचने का प्रयास करते हैं। मैं तो कहती हूँ कि चलो, बीते दिनों को किसी तरह ले ही आते हैं।

—एलिजाबेथ बार्बर

हमारे विचार कई बातों से प्रभावित होते हैं। गुलाब की खुशबू, किसी दोस्त की पुरानी तसवीर, छोटे बच्चे का कंबल, पसंदीदा वस्तु का स्वाद या किसी अपने की आवाज—इन सभी से हम भावनाएँ प्राप्त कर विचारों को जीवित कर लेते हैं। अतीत की ललक हममें किसी बात या वस्तु (चाहे पास हो या दूर) की चाह उत्पन्न कर देती है; पर ऐसी सभी संवेदनाओं में एक प्रकार का भावात्मक लगाव रहता है।

उदाहरण के लिए, मेरे घर का फर्नीचर चाहे किसी को व्यर्थ या कूड़ा लगे, पर मेरे लिए वह अतीत की ललक है। उससे भावात्मक रिश्ता है। मेरे घर में एक नीली मेज है, जो मेरे दादाजी के जुड़वाँ भाई और उनकी पत्नी की है। मेरे लिए यह मेज अत्यंत मायने रखती है, क्योंकि मैंने कभी अपने दादाजी को नहीं देखा। मेरे जन्म से पहले ही उनका स्वर्गवास हो चुका था। मेरे दादाजी की साली अर्थात् मेरी मौसी-दादी ने मुझे तब, जब वे मेरे परदादा की मृत्यु के बाद फ्लोरिडा जाकर बसने वाली थीं।

मेरे पिता के परिवार के इतिहास की प्रतीक है यह मेज। इसीलिए मुझे अत्यंत प्रिय है और मैं कभी इससे जुदा नहीं होना चाहती। इसे रोज देखने पर मैं कई सच्चाइयों से अवगत हो धीर-गंभीर रहती हूँ।

इस बात से अवगत होना अच्छा है कि संवेदनाएँ अच्छा या बुरा दोनों ही प्रभाव डाल सकती हैं। डॉ. नेपोलियन हिल बताते हैं कि जब हम अपनी किसी अभिलाषा को भावुकता से जोड़ देते हैं तो हम अपने लक्ष्य के करीब जल्दी पहुँच जाते हैं, क्योंकि ऐसा करने से उस इच्छा का वेग बढ़ जाता है। ऐसा भी कहा जा सकता है—

विचार + भावात्मकता = सफलता।

आपको भावुक करने का कारण क्या बनता है? क्या आप उन भावनाओं को अपने लाभ के लिए प्रयुक्त कर सकते हैं? क्या आपको जीवन में मिली सभी अच्छी बातों के लिए आप कृतज्ञता प्रकट कर सकते हैं? कई बार बीती हुई घटनाओं में अलग ही सुंदरता नजर आती है। क्या आपने यह सौंदर्य देखने की कोशिश कर कुछ पुरानी चीजों को नया करने का प्रयास किया है? जब आप अच्छे भाव और कुशलता से कुछ नया करने का प्रयास करते हैं तो बहुत ही खूबसूरत परिणाम मिलता है, जिसकी हमने अपेक्षा भी न की होगी।

निरंतर बदलाव

—डॉ. नेपोलियन हिल

यह बहुत विचित्र, किंतु सत्य तथ्य है कि जगत् में एक बात स्थायी है और वह है परिवर्तन। एक क्षण के बाद कुछ भी पहले जैसा नहीं होता। चाहे हमारा शरीर की क्यों न हो, वह भी पल-पल जर्जर होता है।

यह कथन आप अपने अनुभव के आधार पर भी परख सकते हैं।

जब कोई व्यक्ति स्वयं की पहचान बनाने के लिए संघर्ष कर रहा

होता है और उसे आर्थिक आवश्यकता होती है तो कोई उसकी सहायता को नहीं आता; किंतु संघर्ष कर जब वह अपनी पहचान बना प्रसिद्ध हो जाता है तो कई लोग उसी व्यक्ति की मदद को तैयार हो उससे मिलने के लिए कतारबद्ध होते हैं।

आकर्षण के सिद्धांत के अनुसार जीत या सफलता, सफलता को और पराजय, पराजय को अपनी ओर खींचती है। जीवन भर हम तेजी से बहती जीवन-धारा में सफलता या हार के लाभ या हानि के शिकार होते जाते हैं।

प्रयास हो कि हम सफलता के स्तंभ पर टिके हों, न कि असफलता के।

यह कैसे कर सकते हैं? आसान है। अपना दृष्टिकोण सकारात्मक रखिए, जिससे आप स्वयं ही अपने भाग्य के निर्माता बनेंगे और प्रतिकूल परिस्थितियों की दया पर अवलंबित नहीं रहेंगे।

❑

सप्ताह–36

हमारे जीवन की शब्दावली में दो सर्वोत्तम शब्द होने चाहिए—अपेक्षा व चमत्कार। ये शब्द स्वयं ही प्रत्याशा की शक्ति का विकास कर हममें आशा, अभिलाषा, उत्साह व रोमांचकता जैसी भावनाओं का संचार करते हैं, जो कि हमें लक्ष्यपूर्ण व खुशियों से भरपूर जीवन का उपहार देते हैं। अपनी प्रत्याशा का क्षेत्र विस्तृत कर हम अपने जीवन में चमत्कारों के लिए द्वार खोल देते हैं।

—जॉन हिनवुड

हम जीवन में मिले वरदानों को आसानी से अपने चारों ओर देख सकते हैं, बशर्ते हमने स्वयं को अच्छाइयाँ देखने को प्रशिक्षित किया हो। हम जिन वरदानों को निश्चित मान बैठते हैं, असल में वे सभी चमत्कार हैं, जो हरेक को प्राप्त नहीं हैं।

उससे पूछिए, जिसने अपना प्यारा खोया है। उस व्यक्ति के होने का चमत्कार तब तक अहसास में न आया हो। उसके अस्तित्व का मोल तब न जाना गया हो। हम अधिकतर बदलाव पसंद नहीं करते। जब परिस्थिति बदल जाती है तो अचानक हमें उस अतीत में विद्यमान चमत्कार का अहसास होता है और कई बार बहुत देर से होता है। कई बार पछतावा समय पर चमत्कार को न समझ पाने की ग्लानि पर होता है।

ध्यान केंद्रित (meditation) करते रहने का अभ्यास हमें रोजमर्रा

के जीवन में ठहराव व स्फूर्ति देता है, वैसे ही भूलभुलैया भी। प्रकृति के बीच रहना, बदलते मौसमों को देखना हमें अपने जीवन में मिले उपहारों को देखने की अंतर्दृष्टि देता है। यह दृष्टि हममें कृतज्ञ भाव को जन्म देती है और हम अपने आस-पास के सृजन के प्रति आभारी बनने लगते हैं।

जीवन में मिले वरदानों को लिखकर सूचीबद्ध करना हमें सकारात्मक बनाता है, वरना हमारा मस्तिष्क अधिकतर उन विचारों से घिरा रहता है, जिस बात की जीवन में उस समय प्राथमिकता रहती है। हमारे 'करने योग्य' (To-do-list) का तो अंत ही नहीं है।

यहाँ मुझे अमेरिका के उत्कृष्ट दार्शनिक बेंजामिन फ्रेंकलिन की बात याद आती है, जिसमें वे जीवन-शैली को अपने में बदलाव लाने से जोड़ते हैं कि 'हर चीज में थोड़ा परिवर्तन' (समय के अनुसार) जीवन को आसान बनाता है। मैं उनकी इस बात से सहमत हूँ। यदि हमारा औजार हथौड़ा है तो आसपास की सारी बातों पर हथौड़ा चलाने जैसा ही दिखेगा। थोड़ा सा बदलाव लाने पर हम स्वयं को भी समय दे पाएँगे और जीवन को शांति से जीने का प्रयास करेंगे, क्योंकि धीरता-गंभीरता ही जीवन को ठीक करने के औजारों में शामिल होगी। निस्संदेह हथौड़े का अपना महत्त्व है, किंतु स्थान व समय अलग-अलग हैं। सभी औजार एक-दूसरे के पूरक हैं। जीवन में चमत्कार की आशा रखें। उसके लिए सबसे पहले आवश्यकता है खुद को चमत्कार देखने की दृष्टि को प्रशिक्षित करने की।

सर्वोत्तम वरदान

—डॉ. नेपोलियन हिल

'सफलता के विज्ञान' के अनुसंधान के दौरान मुझे कम-से-कम बीस बार करारी हार का सामना करना पड़ा। हर हार ने मुझे नए अवसर प्रदान किए और स्वयं की श्रद्धा की सक्षमता को समझने का मौका दिया। यदि मुझे हारें न मिली होतीं तो शायद मुझे वह ज्ञान कभी न मिल पाता, जिसके बलबूते पर मैंने 'सफलता के विज्ञान' के सिद्धांत खोजे। यदि

विफल न हुआ होता तो जीवन में सफलता के सूत्र न खोज पाता।

इससे भी बड़ा वरदान जो मुझे महसूस हुआ, वह था कि प्रार्थनाएँ हमारा मार्गदर्शन अवश्य करती हैं, पर फायदा कर्म करने पर ही होता है। उससे भी अधिक फायदा तब होता है, जब हम अपने जीवन में मिले हुए वरदानों के प्रति कृतज्ञ रहते हैं, न कि इच्छाएँ रखने पर। तब मैंने प्रार्थना का असली तरीका सीखा और मुझे माँगने से कहीं अधिक कृतज्ञ और धन्यवाद देने पर मिला।

मेरे जीवन का एक महत्त्वपूर्ण पड़ाव तब था, जब मैं इस तरह की प्रार्थना करने की स्थिति में पहुँचा—"हे ईश्वर! मुझे और वरदान नहीं चाहिए। मुझे केवल ऐसी बुद्धिमानी दीजिए कि मैं जन्म से मिले वरदानों का सदुपयोग कर सकूँ; मस्तिष्क को नियंत्रित करने का जो विशेषाधिकार प्राप्त है, उससे अपने जीवन में चुने लक्ष्य को पा सकूँ।" हमारा दिमाग ऐसा ही रूपित है कि यह वही अपने जीवन की ओर आकर्षित करता है, जिनके बारे में अधिक सोचता है।

यह यथार्थ (सच्चाई) है कि जीवन में हम वही पाते हैं, जिस पर हमारा मन-मस्तिष्क विचार करता है, चाहे वे विचार डर के हों या विश्वास के। दुनिया के अधिकतर लोग अपने मन-मस्तिष्क में चिंता व डर के भाव और स्वत: आरोपित सीमाएँ लेकर जीते हैं और फिर ईश्वर व जीवन से शिकायतें करते हैं कि उनका जीवन दु:ख से भरा हुआ क्यों है?

❑

सप्ताह—37

जीवन में सबकुछ सीधा और आसान नहीं होता। हर मानव को समझौते करने पड़ते हैं। बुद्धिमान व्यक्ति सामंजस्य कर लेता है, किंतु कई बार आशावादी दृष्टिकोण रखना असंभव हो जाता है। हम विपरीत परिस्थितियों के आदी नहीं होते, लेकिन यदि हम सकारात्मक रहें तो जीवन के दायरे में जीना आसान हो जाता है।

—डेविड गिल्स्टन

डॉ. नेपोलियन हिल मनुष्य के अनुकरण की प्रक्रिया को अच्छा मानते हैं। आप जब किसी की सराहना करते हैं तो समय के साथ अनायास ही दूसरे का वह गुण आपकी अपनी खूबी बन सकता है। दूसरे व्यक्ति के एक किसी विशेष गुण को पहले आप देखते हैं, फिर समझकर तीसरी स्थिति में आत्मसात् कर लेते हैं; क्योंकि आप स्वयं को उस गुण से युक्त देखने लगते हैं। जब आप 'आप' की रूपरेखा तैयार करते हैं तो उसमें सबसे अच्छे घटकों का प्रयोग करते हैं, ताकि परिणाम भी सर्वोत्तम मिले।

यहाँ डेविड गिल्स्टन का उदाहरण सटीक रहेगा। अपनी उम्र के 50 वर्ष में बीमा विक्रेता डेविड की मुलाकात 'थिंक ऐंड ग्रो रिच' पुस्तक से हुई। डब्ल्यू. क्लीमेंट स्टोन ने यह परिचय करवाया। स्टोन की बात का दिल से आदर करते हुए डेविड ने वह पुस्तक पढ़ी और अपने तथा

परिवार के लिए जिस बेहतरीन जिंदगी की कल्पना की थी, उसे पूरा करने में लग गए। आज डेविड स्टोन की परंपरा आगे बढ़ाते हुए ऐसी पुस्तकें लिख रहे हैं, जिसकी विषय वस्तु को जीवन में अपनाकर आप वही बन सकते हैं, जिसकी आपने तमन्ना की हो।

बहुत वर्षों पहले मैं डेविड से 'लीडर सर्टीफिकेशन (कोर्स) क्रूज' पर मिली। पहले दिन तो डेविड ने हमारी कक्षाओं का परीक्षण किया, किंतु दूसरे ही दिन हमारी गलतियाँ बताते हुए स्टोन के सिखाए पाठ को पढ़ाना शुरू किया। मैं खुश थी कि मैं डेविड द्वारा दी गई प्रामाणिकता की परीक्षा में खरी उतरी, किंतु मुझे ज्यादा खुशी उनके द्वारा कक्षा में दिए ज्ञान को सुनकर हुई। तब से वे सर्टीफिकेशन की कई कक्षाओं में छात्रों के दिशा-निर्देशन के लिए जाते हैं और क्लीमेंट स्टोन द्वारा प्रशिक्षित सत्र के सूत्रों को स्मृतियों, हास्य व ज्ञान द्वारा प्रदत्त करते हैं।

डेविड की सबसे उत्कृष्ट आदत है कि वे कर्मठ हैं, न कि स्वप्नदर्शी। अपूर्ण स्वप्न हृदय की इच्छाएँ व कल्पना हो सकते हैं, किंतु डेविड अपने कर्मों से उन इच्छाओं को जगत् शक्ति से खींच लेते हैं और अपने जीवन को सुखी बनाते हैं; अपने परिवार, कर्मचारी और स्वयं के लिए स्वर्ग जैसा सुख जुटा पाते हैं। मुझ पर विश्वास कर देखिए। डेविड गिल्स्टन की सलाहों को सुनें और किस प्रकार कर्मशील बनना है, यह प्रशिक्षण लें। ऐसा करने पर निस्संदेह आप अपने लक्ष्य तक आसानी से पहुँच जाएँगे।

लक्ष्य निश्चित, सफलता निश्चित

—डॉ. नेपोलियन हिल

हमारा मन-मस्तिष्क बना ही ऐसा हुआ है कि वह जो सोचता है, वही अपनी ओर आकर्षित करता है; वैसे ही जैसे चुंबक लोहे की कीलों को। किसी भी उद्देश्य को पूरा करने के लिए आवश्यकता होती है तो

शुरू करने की। यदि आप एक बार ठान लें तो उसे पूरा करने के तरीके भी आपको मिलते जाते हैं।

यह बात सिद्ध हो चुकी है कि वे व्यक्ति, जिनका लक्ष्य निश्चित होता है, आज नहीं तो कल सफल अवश्य होते हैं; किंतु जिनके जीवन में उद्देश्य ही न हो, उनके लिए सफलता निश्चित नहीं कही जा सकती। मुझे आज भी ऐसे सफल व्यक्ति की तलाश है, जो यह जल्दी से न माने कि बिना स्पष्ट लक्ष्य के वे सफल हो गए।

कोई व्यक्ति पूर्णत: दूसरे को अपने लक्ष्य की जानकारी नहीं दे सकता, किंतु यदि आप स्वयं अपना गंतव्य जानते हैं तो सारे सिद्धांत स्वयं ही आपको प्रेरित भी करेंगे और कार्य करने की भूमिका भी निभाएँगे, जिससे सारे रास्ते आसान होते जाएँगे।

आपकी संकल्पनाएँ जीवंत हो जाएँगी और आपके लिए अवसरों के नए द्वार खोलेंगी, ताकि आप अपने उद्देश्य की ओर बढ़ सकें। विरोध और रुकावट गायब होते जाएँगे और दूसरे लोग आपको सहयोग देने को तत्पर नजर आएँगे।

आपके मन की चिंता और भय भी अदृश्य हो जाएँगे। जीवन की राह पर आपकी भेंट स्वयं से हो जाएगी, जो आपका हाथ पकड़कर आपको विजय की ओर ले जाएगी।

❑

सप्ताह—38

हमारी पीढ़ी की व्यस्त दिनचर्या और आस-पास की तकनीकी दुनिया में इनसान का खो जाना स्वाभाविक है। अपने परिवार के लिए समय निकालना अत्यंत आवश्यक है। उससे भी अधिक आवश्यक है परिवार के सदस्यों से बातचीत। परिवार के साथ अंदरूनी खेल खेलते समय जो प्रत्यक्ष बातचीत होती है, उससे पारिवारिक संबंध प्रगाढ़ होते हैं।

—जेरेमी रेजर

क्यों न हम अपना आज का समय परिवार के साथ बिताएँ? साथ में काम करें, ताकि आज का समय कल की यादें बन जाए? आज सदस्यों के पास कम समय होता है तो परिवार के हर सदस्य का प्रयास होना चाहिए कि साथ बिताया समय आनंददायक और शैक्षिक हो। स्फूर्तिदायक गतिविधियों के लिए समय निकालना मुश्किल हो सकता है, पर प्रयास करते रहना चाहिए; बल्कि आपको ऐसी सूची बनानी चाहिए, जिससे आप स्फूर्ति-युक्त गतिविधियों के बारे में परिवार के सदस्यों को जानकारी भी दें और उनकी रुचि का भी पता लगाएँ। इससे आपको अपने प्रियजनों की रुचियों का भी पता चलेगा।

एक और योजना परिवार को जोड़े रखने का कार्य कर सकती है और वह है—सभी मिलकर किसी एक क्षेत्र में अपनी निपुणता व कौशल का विकास करें; जैसे कलाकारी (चित्रकारी), बागबानी, बढ़ईगीरी, पाक विधि,

शिल्पकारी, वाद्य यंत्र बजाने की कला, पशु-पालन, ऐच्छिक सामाजिक सेवा या एक ही पुस्तक पढ़ उसपर चर्चा करना आदि। ये सारे विकल्प किसी की कुशलता के स्तर को बढ़ाने के लिए पर्याप्त हैं। ये पारिवारिक गतिविधियाँ आपका एक-दूसरे से संपर्क बढ़ा सकती हैं, विशेष निपुणता को बढ़ावा दे सकती हैं, आपसी संबंधों को प्रगाढ़ बना सकती हैं और इससे हर सदस्य की हर गतिविधि में सहभागिता बढ़ सकती है। ऐसे कई खेल या कार्यकलाप हो सकते हैं। इससे हर सदस्य का मनपसंद खेल या गतिविधि चुनी जा सकती है।

हम अधिकतर देखते-सुनते हैं कि परिवारों के अपने झगड़े व मसले होते हैं, जिनमें सभी सदस्य फँसे रहते हैं तो शैक्षिक तथा स्फूर्तिदायक गतिविधियों के लिए समय ही नहीं मिल पाता। यदि सभी प्रयास करें तो अच्छे व आशावादी कार्यकलापों पर ज्यादा ध्यान देना संभव है। आवश्यकता है तो निष्कर्ष पर ध्यान देने की कि हम क्या परिणाम चाहते हैं। उदाहरण के लिए, यदि आप पुस्तकें पढ़ने को बहुत महत्त्व देते हैं तो घर पर वैसा वातावरण तैयार कीजिए कि घर में सबको पढ़ने के अवसर मिलें। स्थानीय पुस्तकालयों व किताबघरों में परिवार समेत जाइए। घर में किसी स्थान पर यह परिचयोक्ति चिपका दीजिए—'जो पढ़े, वह बढ़े' आदि। आप पठन के प्रति रुझान व सम्मान दिखाकर अपनों के लिए पढ़ने से ज्यादा अवसरों का निर्माण करेंगे। सृजनात्मकता उदासीनता को वैसे ही मिटा देगी जैसे प्रकाश अंधकार को मिटा देता है। क्या आपको नहीं लगता कि यह उचित समय है, जब अपने प्रयत्न के प्रकाश से आप घर में सकारात्मक अवसरों का सृजन करें, जिससे घर सुखी-समृद्ध हो?

अपने बच्चों की सफलता का नेतृत्व स्वयं करें

—डॉ. नेपोलियन हिल

आजकल सभी जगह बाल-अपराध और युवा समस्याओं की काफी चर्चा है। मैं आपको ऐसे बाल अपराधी की कथा बताता हूँ, जो अपराध से सद्वृत्ति की ओर ले जाया गया। मैं स्वयं बाल अपराधी था।

मेरे पिता धार्मिक वृत्ति के व्यक्ति थे। हम दो भाई थे, जिनमें मैं बड़ा था।

मेरी माँ को गुजरे भी कई वर्ष हो चुके थे। मैं अपनी मन मरजी का मालिक था। मुझे सुधारने का प्रत्येक प्रयास पिताजी के लिए नाकाम सिद्ध हुआ।

मुझे पिस्तौलें अच्छी लगती हैं। वर्जीनिया के दक्षिण-पश्चिम इलाके में, पहाड़ों से घिरे मैदानों में मेरा घर था। पेड़ की खोखल में मैं पिस्तौल छिपा देता। आस-पड़ोस की शिकायतों का ध्यान रखते हुए मेरे पिताजी उन पिस्तौलों को खोज नष्ट भी करते थे। मुझे पहाड़ी संगीत पसंद था और मैं छुपकर बेंजो बजाता था। मेरे पिता की धार्मिक प्रवृत्ति इसका भी विरोध करती थी। उन्होंने एक दिन बेंजो भी ढूँढ़ निकाला और हथौड़े से तोड़ दिया।

नृत्य पर भी सख्त पाबंदी थी; किंतु मैं किसी तरह घोड़ा उधार लेता और गाँव में चल रहे नृत्यों को देखने पहुँच जाता।

इसका परिणाम यह हुआ कि लकड़ी के गोदाम में मैं अकसर आता और बुरा समय देखता। इस तरह के व्यवहार के बाद मैं और दृढ़ता से घर के नियम तोड़ने लगा। मैं समाज के नियमों के विरुद्ध विद्रोही बनने की राह पर चल पड़ा था। मैं अपराधी ही बन जाता, यदि मेरे पिताजी दूसरे विवाह का उचित निर्णय नहीं लेते। मेरी सौतेली माँ अत्यंत शानदार, दयालु और समझदार महिला थीं।

वे मेरे लिए नया बेंजो लाईं और मुझे ठीक से बजाना भी सिखाया। यही नहीं, वह दो उच्च गुणवत्ता की पिस्तौलें भी लाईं—एक मेरे लिए और एक खुद के लिए। हमने बहुत सा समय साथ में खुशी से बिताया, जब उन्होंने मुझे पड़ोस की मुर्गी-गायों पर पिस्तौल चलाने के बजाय निर्जीव वस्तुओं पर पिस्तौल चलाने का मार्गदर्शन किया।

उन्होंने मेरा प्यार और विश्वास जीत लिया था, क्योंकि वे मुझे वे सारे कार्य करने देती थीं, जिनमें मेरी रुचि थी। इसके बाद उन्होंने मेरी ऊर्जा को सकारात्मक उद्देश्यों की ओर प्रशस्त किया। उन्होंने किसी से पुराना टाइपराइटर खरीदा और मुझे उसके माध्यम से अपने विचार कागजों पर लिखने की सलाह दी। परिणामतः मुझे 'स्ट्रींग' अखबार के पहाड़ी

संवाददाता के रूप में नौकरी मिल गई। आज जब मैं जीवन में पीछे मुड़कर देखता हूँ और इस निर्णायक क्षण के बारे में सोचता हूँ तो उस महान् स्त्री के प्रति कृतज्ञ हो उठता हूँ।

इसी अनुभव के कारण जब भी बाल अपराध की बात या चर्चा होती है तो मैं अनायास ही उस बाल अपराधी की तरफ प्रवृत्त हो जाता हूँ, हालाँकि हर एक बाल अपराध के मूल में एक ही कारण नहीं होता। कई घटनाओं का कारण अत्यंत कठिन नियम और अनुशासन का पालन करने का दबाव ही होता है। मुझे इस बात का दु:ख होता है कि कई माता-पिता इस बात को समझने में अक्षम होते हैं कि अधिक अनुशासन की अपेक्षाएँ रखकर वे युवाओं की ऊर्जा को गलत शिक्षा दिखा देते हैं, जबकि उस ऊर्जा का सकारात्मक प्रयोग किया जा सकता है, जो उन्हें सफल बनाए। निरुत्साही व आलसी व्यक्ति, जिसमें जोखिम लेने का जज्बा न हो, कभी भी सफल व महान् नहीं बन सकता। हमारे इतिहास के अधिकतर सफल पुरुष व नारी वे ही रहे हैं, जो असल में 'लोगों की परेशानियाँ' बढ़ाते थे, जो स्वेच्छा से जीवन जीने में विश्वास रखते थे और समाज की घिसी-पिटी परंपराओं का विरोध करने का दम रखते थे तथा अपने साथियों को आलस्य और अज्ञान से जगाने हेतु कटु शब्द बोलने में भी नहीं झिझके।

अगर आपका बच्चा इतना साहसी है तो खुश हो जाइए।

उसके इस प्रभावी व्यक्तित्व को निखारकर सफल होने में मदद कीजिए। खतरा मोल लेने की उसकी इस आदत की सराहना कीजिए। गलतियों से सीखने में उसकी मदद कीजिए। गलत रास्ता अपनाने पर रोकिए और मार्गदर्शन कीजिए।

और सबसे ज्यादा, निंदा के स्थान पर उसकी प्रशंसा कीजिए, क्योंकि यह मनुष्य स्वभाव है कि आप जैसी ख्याति मनुष्य को देंगे, वह उसपर खरा उतरने का पूरा प्रयास करता है।

❑

सप्ताह–39

मैंने हाल ही में सुना कि दुनिया की 25 प्रतिशत जनसंख्या मुश्किल से 1 डॉलर कमा पाती है और शेष जीवन केवल जीवित रहने में व्यतीत करती है। यह सुनकर मुझे मेरी जिंदगी असाधारणा-सी जान पड़ी। हम सबके पास कुछ ऐसा है, जिसके लिए हमें आभारी होना चाहिए। हम तुलना करते रहे कि कहाँ होते और जीवन से शिकायतें करने के बजाय हम उन क्षेत्रों पर ध्यान केंद्रित करें, जहाँ हमें सुधार की आवश्यकता है।

—विक कोनंट

कभी सोचा है कि कई बार केवल एक साधारण सी इच्छा किस प्रकार जीवन का लक्ष्य बन जाती है? याद कीजिए कि युवा अवस्था में कोई व्यक्ति आपको बहुत अच्छा लगा होगा। फिर वह व्यक्ति आपके माता-पिता हों, दादा-दादी, नाना-नानी, शिक्षक, संबंधी या कोई प्रसिद्ध व्यक्ति। क्या आपको याद है कि उनकी कौन सी विशेषता आपके मन को भा गई थी?

यदि हम यह मानकर चलें कि मनुष्य कई गुणों को देखकर अपनाता है, सिखाने पर नहीं, तो क्या यह उचित नहीं होगा कि हम अपने बच्चों को प्रभावी लोगों के संपर्क या आस-पास रखें, जिससे उनमें उन सभी गुणों का संचार हो और उनका व्यक्तित्व प्रभावी बन सके? उत्साही जीवन संक्रमणकारी हो सकता है। यदि लोगों को उत्साहपूर्ण माहौल दिया जाए

तो वे निश्चित ही इस गुण को भी अपना लेंगे। जब लोग स्वतः प्रेरित होते हैं तो स्वयं गुणों को आत्मसात् कर लेते हैं। शांति दूत से राजनीति तक और लोकोपकार तक यह बात लागू होती है कि लोग उन्हीं का अनुकरण करते हैं, जिनको वे अनुकरणीय समझते हैं। एक युवा वयस्क के लिए सफलता को पाने हेतु एक समय में एक सिद्धांत को अपनाना कतई मुश्किल नहीं।

विख्यात लोग अकसर ऐसी पुस्तकों की विरासत छोड़ जाते हैं, जिसमें उन्होंने धनी व समृद्ध होने के अनेक तरीके बताए हैं। उन अमूल्य पुस्तकों को पढ़कर लोग अपने ज्ञान की सीमाओं का विस्तार कर सकते हैं, नए अवसरों की खोज कर खुद में सुधार ला सकते हैं, एक प्रभावी व्यक्तित्व का निर्माण कर सकते हैं। आप अपनी रुचि का क्षेत्र चुनकर उससे संबंधित जानकारी पुस्तकालयों या इंटरनेट पर प्राप्त कर सकते हैं। आश्चर्यजनक खुशखबरी यह है कि किसी भी विषय पर असीमित जानकारी आसानी से पाई जा सकती है, पर जीवन में सुखद परिवर्तन उस ज्ञान को व्यावहारिकता में लाने से लाया जा सकता है।

आनेवाली पीढ़ी के लिए कुछ संकेत व सुझाव अवश्य छोड़ें। ऐसी पुस्तकें उन्हें देकर जाएँ, जो प्रेरणा-युक्त व नैतिक मूल्यों से परिपूर्ण हों। समय रहते पुस्तकों व उनके महत्त्व की चर्चा करें कि किस प्रकार किसी विशिष्ट पुस्तक ने आपका जीवन बदल दिया। जो स्वतः सुधार की ओर प्रवृत्त हैं, उन्हें पुस्तकें पढ़ने की भी सलाह दें। ऐसा करते रहने पर आप जल्दी ही थॉमस जेफरसन और एंड्रयू कार्नेगी की तरह अपना पुस्तकालय बना सकते हैं। ऐसा करने पर आप इस दुनिया को और बेहतर स्थान बना सकेंगे।

मनुष्य अभियांत्रिकी व उत्साह

—डॉ. नेपोलियन हिल

आशा, उत्साह और विश्वास प्रमुख संकेत शब्द हैं, क्योंकि इनका आपस में घनिष्ठ संबंध है। जब ये निश्चित लक्ष्य से जुड़ते हैं तो किसी को भी अपरिमित मानसिक शक्ति देते हैं। ये चारों तत्त्व प्रबल आकांक्षा व अभिलाषा को जन्म देते हैं।

अकेले आशा का होना पर्याप्त नहीं। उससे कुछ ज्यादा अभिलाषा है और हरेक में अभिलाषाएँ अनेक होती हैं। केवल अभिलाषाओं से कुछ हासिल नहीं होता, जब तक वे व्यवस्थित तरीके से लक्ष्य, उत्साह व श्रद्धा से नहीं जुड़तीं, दृढ़ निश्चय से नहीं जुड़तीं।

सफलता उन्हीं व्यक्तियों को मिलती है, जिनकी इच्छाएँ प्रबल होती हैं। यदि आप सही तरीकों से निर्देशों का पालन करें तो आप अपनी प्रबल इच्छाओं को पूरा कर सकते हैं। याद रखें—जीवन में जो कुछ पाने योग्य है, उसके लिए कर्म करना न्यायोचित है। उसकी कीमत भी आपको देनी पड़ेगी। यदि आपको अपनी अभिलाषाओं को पाकर सुखी होना है तो उस सुख के लिए आपको निरंतर सतर्क रहते हुए दृढ़ निश्चयी बनकर उन सिद्धांतों को अपने जीवन में, दिनचर्या और आदत में उतारना पड़ेगा। केवल ज्ञान होने से कोई लाभ नहीं। सफलता के उन सूत्रों को रोज की आदत बनाकर व्यवहार में लाना होगा।

❑

सप्ताह—40

ऐसा स्थान, जहाँ समय शाश्वतता को छूता है, वह है वर्तमान। वर्तमान ही ऐसा समय होता है, जिसमें हम अतीत की ग्लानि से दूर—भविष्य की चिंताओं से दूर रहते हैं। मैं वर्तमान को छुट्टियों व चिरस्थायी क्रिसमस से जोड़ती हूँ, क्योंकि उसके हरेक क्षण में हमारे लिए उपहार छिपा है।

—केरेन लॉर्सन

आप क्या करते हैं, जब आपको कोई वर्तमान में रहने को कहता है? मुझे मेरा पता है। मैं सोचती हूँ कि रात के खाने में क्या बनाऊँगी, घर वापस आते हुए कहाँ रुकूँगी, अगले शनिवार-रविवार क्या करूँगी? उस वर्तमान के क्षण को छोड़ सभी कुछ सोच लेती हूँ। ऐसा इसलिए, क्योंकि मेरे लिए वर्तमान क्षण में जीना कठिन है। या तो मैं भविष्य की यात्रा करती हूँ या अतीत की यादों में खो जाती हूँ।

बीते हुए समय में रहना उचित नहीं। डेल कार्नेगी का कहना है, ''बुरादे में आरा चलाना छोड़ दो।'' ठीक भी है। जो बीत चुका है, उसे अतीत में ही रहने दें। जो बीते कल में रहते हैं, उनका जीवन निष्क्रिय होता है। कुछ नया नहीं हो सकता। पुरानी घटनाओं को बार-बार याद करके हम रोज के अनुभवों का दम घोंटते हैं। यादें अमूल्य हैं, पर वर्तमान भी तो अनमोल है। केवल बीते कल में रहने से आप स्वयं का पुनर्मंचन कर रहे हैं।

केवल भविष्य में रहने पर भी केवल विस्तृत दिवास्वप्न में जी रहे हैं, यथार्थ की भूमि पर नहीं। हमेशा सत्य से या जहाँ अपेक्षित हो, वहाँ से दूर रहने पर आप सामाजिक, भावात्मक, शारीरिक, आर्थिक, मानसिक व आध्यात्मिक रूप से मुश्किल में पड़ सकते हैं। हो सकता है, उसका कारण वचनबद्धता की कमी, निर्णय लेने की क्षमता का अभाव या प्रतिकूलता देख घबरा जाना ही क्यों न हो। हो सकता है कि जो आपको भविष्य के लिए उकसा रहा हो, वह केवल आपको काल्पनिक स्थान पर ही रखे हो, क्योंकि आप दिवास्वप्न में खो चुके हैं। केवल संकल्पनाओं से कुछ प्राप्त नहीं होगा, जब तक अपने पैर यथार्थ की ठोस जमीन पर न रखें और अपने सपनों को पूरा करने हेतु क्रियाशील न हों।

वर्तमान पर अपनी ऊर्जा, क्रिया और विचारों की पूँजी लगाना ज्यादा अच्छा है, क्योंकि उससे जड़ें मजबूत रहेंगी और समय आने पर हम अपने पंख भी फैला पाएँगे। अधिकतर लोग फाउंडेशन के कार्यकारी निर्देशक डॉन ग्रीन को जानते ही होंगे। उनकी माँ बीमार हैं। अभी हाल में जब डॉन उनको वॉकर के सहारे अपने कमरे में चलाने की कोशिश कर रहे थे तो वे अचानक रुक गईं। डॉन ने पूछा कि क्या उन्हें पता है कि वे कहाँ जा रही हैं, तो बिना हिचकिचाए उनकी माँ ने झट जवाब दिया, "स्वर्ग में।" यह अमूल्य जवाब सुन डॉन दंग रह गए। वे वर्तमान में जीती हुई सच्चाई से अवगत थीं कि उनकी मृत्यु का समय निकट है।

मन की शांति और मानसिक शक्ति

—डॉ. नेपोलियन हिल

चूँकि जीवन में आप वह सबकुछ पाते हैं, जिस बात को आप आत्मसात् कर चुके होते हैं और आत्मसात् आप उसे करते हैं, जिन बातों में आप मन की गहराइयों व अवचेतन मन से विश्वास करते हैं। यह समझना मुश्किल नहीं कि हमारा जीवन विश्वास व श्रद्धा की शक्ति पर टिका हुआ है।

केवल जीवन जीने की प्रक्रिया इस शक्ति पर निर्भर नहीं करती। उस अनंत और शाश्वत जगत् शक्ति ने मनुष्य को चरम विकास तक पहुँचाया, जहाँ उसे यह भी ज्ञात नहीं होता कि वह जीवित है। हृदय का धड़कना, फेफड़ों का प्राणवायु संचार, पाचन-क्रिया और अन्य शारीरिक क्रियाएँ, जिनका ध्यान मस्तिष्क रखता है और वह मस्तिष्क स्वयं का ध्यान रखने में भी सक्षम है।

इसके अलावा, मनुष्य और भी श्रेष्ठ वर्ग या जाति बनाता है। यही नहीं, मानव अभिलाषा करता है, मस्तिष्क की शक्ति से वह अपनी आकांक्षाओं की पूर्ति करता है। जब वे पूरी हो जाएँ, उसके आगे की अभिलाषाएँ पूरी करने की सोचता है और उसका यह क्रम चलता ही जा रहा है।

भाग्यवश, हमारे दार्शनिकों ने शांति और नीरवता की शक्ति को पहचाना है। इसका अर्थ यह कदापि नहीं कि शांत मस्तिष्क में अभिलाषाएँ नहीं होतीं; बल्कि ऐसा मन-मस्तिष्क होता है, जो आकांक्षाओं व इच्छाओं के सर्वोत्कृष्ट रूपों को समेटता है, विश्लेषण करता है और निर्णय भी लेता है। इसका अर्थ यह बिल्कुल नहीं कि उसी व्यक्ति का मन-मस्तिष्क शांति से ओत-प्रोत होता है, जो सांसारिक व्यवहारों से दूर होता है, जग की हलचल में शामिल नहीं होता। कई बार देखा गया है कि सबसे शांत, धीर-गंभीर व्यक्ति सबसे व्यस्त होते हैं। जब हम मन की शांति की बात करते हैं तो उसे केंद्र मानते हैं, जिसके आसपास बाकी सारी भावनाएँ एवं विचार आदि घूमते हैं, वैसे ही जैसे डायनुमा ऊर्जा से परिपूरित भी रहता है और निर्माण भी करता है तो भी एक निश्चित ऊर्जा केंद्र से जुड़ा रहता है।

❑

सप्ताह–41

आप ही हैं, जो प्रामाणिक रूप से आप रह सकते हैं। वही आपको अद्वितीय बनाता है। वही लाभप्रद है। आप ही को पता होता है कि आप अपने सच्चे रूप में प्रस्तुत हैं, चाहे कहीं भी हैं और किसी के भी साथ हैं। अपने सच्चे रूप में रहिए, कोई भी व्यक्ति पाखंडी से व्यवहार या संपर्क नहीं चाहता।

—ब्रडन मिल्श्च

सम्मान वृत्ताकार होता है, तीर की तरह सीधा नहीं। उसे पहले दूसरों को देना पड़ता है, तभी मिलता है। यह पारस्परिक है। यह प्रकृति ने मनुष्य को मनुष्य योनि देकर पहले ही (सम्मान) से देख रखा है। चाहे कई बार हमें किसी का व्यवहार, पहनने-ओढ़ने का तरीका, भाषा, शैक्षिक स्तर, आर्थिक स्थिति, कार्य-नीति आदि पसंद न आए, किंतु इसका अर्थ यह कदापि नहीं कि वह दूसरों से कम सम्मान पाने के योग्य है। आदर एक शीशे की तरह होता है, जिसमें आप स्वयं का मूल्य देख सकते हैं। दुर्भाग्यवश कई लोग यह समझने में नाकाम होते हैं कि उनके ही कर्मों और व्यवहार के कारण उन्हें अपमान मिला है, जैसाकि कहा जाता है, 'जैसी करनी, वैसी भरनी।'

विचित्र है, किंतु सत्य तो यह है कि हम स्वयं को ही सम्मान नहीं दे पाते। काम, पैसा, मदिरा, सेक्स आदि हमें स्वयं के पुनर्नवीनीकरण के लिए अवसर ही नहीं देती। जो हमारे पास है, उसे और चाहने की होड़

में हम चक्र पर चल रहे हैमस्टर की तरह हो जाते हैं, जिसके बारे में मैंने सुना है कि उसे अगर पहिए की गाड़ी पर बिठा दिया जाए तो वह आठ मील एक दिन में जा सकता है, किंतु घूमकर वहीं पहुँचता है, जहाँ से उसने शुरुआत की थी। हमारी व्यसन बन चुकी आदतें हमारे व्यवहार को पुनरावृत्तीय बनाती हैं और हम जीवन के अन्य सकारात्मक पक्ष, जैसे मित्रगण, परिवार, मनोरंजक गतिविधियों की उपेक्षा कर देते हैं। हम सोचते हैं कि ये सभी पक्ष हमें वैसी खुशी नहीं दे सकते जैसे हमारे व्यसन बन चुकी आदतें दे सकती हैं। यह अहंकार ही तो है।

कहने का तात्पर्य यह है कि औरों का निरादर करके हम अपने व्यक्तित्व को ही हानि पहुँचाते हैं, जिसकी वजह से लोग दूर हो जाते हैं। हम स्वयं दूसरों के लिए कुछ करने से ज्यादा उनसे अपेक्षाएँ करते हैं। इससे हमारी अपनी अखंडता को चोट पहुँचती है। हम दूसरों को भी इस हद तक नाराज कर देते हैं कि आपसे बातचीत की उसकी अभिलाषा भी समाप्त हो जाती है और धीरे-धीरे वह आदमी आपसे दूर होता चला जाता है और आपके जीवन से ही दूर हो जाता है। वह इतना अपमान सहन भी क्यों करे? सुविचार बिल्कुल सही है, ''दूसरों को पहले वह दीजिए, जिसकी आप अपेक्षा करते हैं।'' यदि आप जानते हैं कि तीर हमेशा सीधा हो जाता है तो स्वयं को लक्ष्य पर मत रखिए। जरा सोचिए। जो आपको दूसरों को सम्मान देकर मिलेगा, वह सम्मान की माँग करने से कहीं ज्यादा मूल्यवान् होगा।

आध्यात्मिक खाद्य

—डॉ. नेपोलियन हिल

मनुष्य को आध्यात्मिक खाद्य की उतनी ही आवश्यकता होती है, जितनी शरीर को स्वस्थ रखने के लिए संतुलित आहार की। धर्म से

आध्यात्मिक भोजन की प्राप्ति संभव है।

किसी व्यक्ति का चर्च की सदस्यता में चाहे नाम हो, किंतु जब तक वह धर्म के लिए, स्वयं के मन को पवित्र करने के लिए कुछ नहीं करता, चर्च में दान देना भी व्यर्थ है। धर्म कर्म करने की माँग करता है, न कि केवल विश्वास की।

धर्म में सच्चे अर्थों में विश्वास करनेवाला हृदय से नम्र होगा, उसके मन में दीनों के प्रति सहानुभूति होगी और किसी के लिए आवश्यकता से अधिक कार्य करने की वृत्ति होगी। ऐसा करने पर मानवीय संबंधों में सामंजस्य आएगा और ऊपर बताया गया सुविचार सही सिद्ध होगा। ऐसा धर्म अपनाने पर मनुष्य स्वार्थ, दर्प, महत्त्वाकांक्षा और सांसारिक वस्तुओं के अति मूल्यांकन और महत्त्व कम हो जाएँगे। इससे जीवन को समृद्ध करने के 12 सिद्धांतों को अपनाएँगे तथा उनसे जीवन सुखी व प्रेम से परिपूर्ण होगा।

ऐसा व्यक्ति, जिसने धर्म के सच्चे रूप को अपनाया होगा, वह अपने कर्मों से धर्म का प्रतिपादन करेगा। ऐसा करने पर उसका मन भी शांत रहेगा, उसके सहकर्मियों से भी मधुर संबंध रहेंगे। वह अपने धर्म को व्यवसाय व कार्यक्षेत्र में भी अपनाएगा, जिससे उसे जीवन में कई गुना सुख-संपन्नता प्राप्त होगी।

सच्चा धर्म सकारात्मक दृष्टिकोण का विकास भी करता है और उसका पोषक भी होता है। वह 'जियो और जीने दो', का सिद्धांत मानता है। सच्चा धर्म सृजनात्मक उद्देश्य का विकास करता है और स्वानुशासन के लिए प्रेरित भी करता है।

❑

सप्ताह—42

परिस्थितियोंवश आप अपनी ख्याति, घर या परिवार खो सकते हैं, किंतु यदि आप देने का भाव सीख रहे हैं तो उसकी क्षमता नहीं खो सकते; किंतु यदि आप केवल कुछ पाने की आशा से दे रहे हैं तो आप अपनी क्षमता का ह्रास कर रहे हैं।

—चार्ली 'ट्रेमेंडस' जोन्स

आजकल जहाँ-तहाँ लोग यह शिकायत करते हुए मिलते हैं कि आजकल इतना खर्च करके भी कुछ अच्छा नहीं मिलता। फिर वह दुकानों में मिल रही छूट हो, कूपन हों, मुफ्त उपहार हों, सार्वजनिक स्थान पर किया गया कोई अच्छा काम हो—यह शिकायत की सूची खत्म होने में ही नहीं आती। स्पष्ट है, सारा महत्त्व लेने पर है, देने में नहीं। यदि इसी क्रम को उलटा करके देखें और स्वयं से पूछें कि—

क्या आज आप किसी को देख मुसकराए, किसी गिरे हुए को हाथ देकर उठाने का प्रयास किया? क्या किसी के फोन करने पर, इ-मेल, पत्र या जानकार को प्रतिक्रिया के रूप में 'हाँ' कहा, बजाय 'न' के या किसी हतोत्साहित को प्रोत्साहित किया? किसी के लिए मदद का हाथ बढ़ाया है, बजाय मदद माँगने के? क्या आप 'मेरा क्या' के भाव को नकारते हैं? अचानक बिना किसी अपेक्षाओं के किसी की मदद करते हैं?

ईसाई धर्म के अनुसार बिना स्वार्थ किया गया कार्य दैहिक करुणा व दया के बराबर है। सूची इस प्रकार है—

1. **भूखे को खाना देना**—"क्योंकि मैं भूखा था और तुमने मुझे भोजन दिया।" Mt. 25 : 35
2. **प्यासे को पानी देना**—"मैं प्यासा था और तुमने मुझे पीने को तरल द्रव्य दिया ..." Mt. 25 : 35
3. **नंगे को कपड़े देना**—"मेरे पास कपड़े नहीं थे। तुमने मेरा तन ढका—।" Mt 25 : 36
4. **बंदी से मिलना**—"मैं बंदीगृह में था और तुम मुझसे आकर मिले।" Mt 25 : 36
5. **निराश्रित को आश्रय देना**—"मैं तुम्हारे लिए अपरिचित था, तुमने मुझे आश्रय दिया।" Mt 25 : 35
6. बीमार से मिलना—"मैं बीमार था और तुमने मेरी देखभाल की।" Mt 25 : 36
7. मरे हुए का अंतिम संस्कार—"ऐसा ही हो, जो तुमने मेरे भाइयों के लिए किया, वह मेरे लिया था।" Mt 25 : 40

अगर इन बातों का ध्यान रखते हुए जीवन जिया जाए तो हम देनेवालों की कतार में होंगे, न कि लेनेवालों की। हाँ, एक सीख बदलाव आपसे ही शुरू होगा।

अपेक्षा से अधिक करना फल देता है

—डॉ. नेपोलियन हिल

मैंने कुछ अधिक करने का सिद्धांत जान-बूझकर लिया है, क्योंकि मुझे ऐसा महसूस होता है कि लोग आध्यात्मिक रूप से निर्धन होते जा रहे हैं, क्योंकि वे इस सिद्धांत को उलटा चलाने की कोशिश कर रहे हैं कि बिना कुछ किए ही सबकुछ मिल जाए। विश्लेषण करने पर यही स्पष्ट हुआ है कि "आप जो औरों से अपेक्षा रखते हैं, आप उन अपेक्षाओं को

दूसरों के लिए पूरा करें।'' यह महत्त्वपूर्ण सिद्धांत विश्वव्यापी है। लॉयड डगलस ने अपनी पुस्तक 'मैग्नीफिसेंट ऑब्सेशन' में इस विश्वव्यापी सिद्धांत का वर्णन किया है। यह पुस्तक अत्यधिक प्रभावशाली है।

इस देश को शायद बहुत बड़ी जल-सेना की आवश्यकता हो, युद्ध सामग्री भी बहुत बड़े स्तर पर रखनी होगी, हवाई सेना भी अधिक संख्या में चाहिए होगी, किंतु इसको सबसे अधिक मेरी दृष्टि में कुछ चाहिए तो वह यह कि बिना दिए सबकुछ पा लेने की उम्मीद रखना और साथ जल्द-से-जल्द यह कार्य आरंभ कर देना—औरों के लिए कुछ अधिक करना और उसी जज्बे के साथ, जो उन 56 लोगों ने इस सभ्यता के जन्म लेने पर आजादी के फलकनामे पर दस्तखत करते हुए किया—इस सबसे धनी और संपन्न देश अमेरिका के लिए।

केवल यह हमारी आत्मा की मुक्ति का मार्ग ही नहीं, बल्कि आर्थिक मुक्ति का भी (अच्छा, छोटा व निश्चित) है। आजकल हम अधिकतर अपनी आत्मा का नहीं, बल्कि धन के बारे में अधिक सोचते हैं। यह सिद्धांत उतना ही सत्य है, जितना कि रात के बाद दिन का आना। जो व्यक्ति अपेक्षा से अधिक कार्य करता है, वह भी प्रसन्न व सकारात्मक होकर, उसे कभी-न-कभी कई गुना सुख, समृद्धि एवं शांति मिलती ही है और अपने इन तीस वर्षों में मैंने यह नियम विफल होते नहीं देखा।

❑

सप्ताह—43

नेपोलियन हिल का संपूर्ण दर्शन-शास्त्र उस स्वर्णिम सिद्धांत पर ही टिका है कि जो औरों से अपेक्षा करो, पहले कहीं अधिक स्वयं औरों के लिए कार्य करो। 'द फाउंडेशन' उन लोगों का तहे-दिल से शुक्रगुजार है, जो इसे सहयोग देते हैं और नेपोलियन की प्राधिकृत पुस्तकें खरीदते हैं। आप इन पुस्तकों की प्रामाणिकता फाउंडेशन के चिह्न व अंदरूनी पृष्ठ पर प्रतिलिप्याधिकार द्वारा सुरक्षित शब्दों द्वारा कर सकते हैं।

—डॉन ग्रीन

कभी 'साहित्यिक चोरी' के बारे में सुना है? यह नकारात्मक शब्द है। इसका अर्थ है—किसी और द्वारा लिखे शब्दों या विचारों को प्रत्यक्ष या अप्रत्यक्ष रूप से भावानुवाद या पदन्वय कर स्वयं के नाम से लिखे जाने का दावा करना। ऐसे चोर को पकड़ने का मेरे पास एक अनूठा तरीका है। यदि किसी पर शक हो तो उस व्यक्ति को अपने सामने बिठाइए और कलम-कागज देते हुए उसे किसी विषय पर निबंध लिखने को कहिए। ध्यान रहे कि उसे कोई सहायता सामग्री न दी जाए। यदि उस निबंध की शैली, विषय-वस्तु आदि वैसी ही हो जैसी कि उसने दिखाई है तो समझ जाइए कि व्यक्ति की अपनी रचनात्मकता है; किंतु अगर वह लिखने से झिझके और 'न' कहे तो समझ जाइए कि लेखन कार्य उसका नहीं था।

यह निर्विवाद सत्य है कि हम चोरी और धोखे की दुनिया में रहते हैं, जहाँ पर्स, जूते, कपड़े, घड़ियाँ आदि को मौलिक रचना जैसा बनाकर बेचा जाता है। यह तभी संभव है, जब कोई प्रशिक्षित व्यक्ति ही अपने निजी फायदे के लिए नकली चीजें बनाने में सहायता करे। विक्रेता फरेब से अपने फायदे के लिए कल्पनाएँ चोरी करते हैं। उसी प्रकार कई विक्रेता अपनी पुस्तकों की खपत बढ़ाने के लिए नेपोलियन हिल सामग्री का प्रयोग कर धन कमाते हैं।

मैंने फाउंडेशन के लिए नेपोलियन हिल वर्ल्ड लर्निंग सेंटर के निदेशक के रूप में 12 वर्षों तक कार्य किया और उसके पहले 10 वर्षों तक फाउंडेशन में पढ़ाया। मैं आपको विश्वास दिला सकती हूँ कि डॉन ग्रीन ने सन् 1937 के 'थिंक ऐंड ग्रो रिच' के संस्करण के बारे में ठीक ही लिखा है, क्योंकि वह नेपोलियन ऐंड रोजा ली हिल के नाम से छपा तथा सन् 1937 में प्रकाशित हुआ।

तो यदि आपको 'वास्तविक' पुस्तकों का आनंद लेना है तो फाउंडेशन के माध्यम से पुस्तकें खरीदें। इससे हम नेपोलियन हिल की विचार संपत्ति व फाउंडेशन का भी आदर कर पाएँगे, जिसका उन्होंने ही निर्माण किया। यह उनके प्रति आभार प्रकट करने का सर्वोत्तम तरीका होगा।

यदि सफल होना है तो जो 'आप हैं', वही बनकर रहिए

—डॉ. नेपोलियन हिल

आप किसी को केवल उसकी प्रतिभा या कौशल के बल पर सराहते होंगे, बजाय इसके कि दूसरे की उस प्रतिभा को अपनाना, आपने अनायास ही उसके जैसे बनने का सोचा होगा। अपना बहुत सा समय और कोशिश बरबाद करने के बाद अहसास हुआ होगा कि व्यक्तित्व एक सूक्ष्म भाव है और एक का व्यक्तित्व दूसरे जैसा स्वयं की हानि किए बिना नहीं बन

सकता और आपके कुछ कर गुजरने के जज्बे को कम कर सकता है।

मेरी युवावस्था में मैंने आर्थर ब्रिसबेन की शैली को अपनाने का सोचा था। वे बहुमुखी प्रतिभा के धनी थे और पाठक उन्हें बहुत पसंद भी करते थे। मैं स्वयं को होशियार समझता था और उनकी शैली की नकल करने की सोची। तब मेरे मित्र ने मुझे झकझोरा और कहा कि जब तक मैं ब्रिसबेन की नकल करूँगा, तब तक अपनी शैली का विकास नहीं कर पाऊँगा। तभी मैंने सोच लिया कि ब्रिसबेन को छोड़ अपने तरीके से लिखूँगा। मेरे लेखन की सफलता ने यह सिद्ध कर दिया कि मेरा नेपोलियन बने रहने का निर्णय बिल्कुल सही था।

बच्चे बड़ों का अनुसरण करते हैं, वह ठीक है; लेकिन मैंने कई बड़े बच्चों को आर्थिक दृष्टि से जोनेसेस की नकल करते देखा या स्मिथ सेट से सामाजिक स्तर पर प्रतियोगिता करते देखा और दोनों के ही परिणाम हानिकारक रहे। जब तक आप स्वयं अपने अस्तित्व का रक्षण नहीं करते, स्वयं का स्तर तय नहीं करते, स्वयं को जानने का प्रयास नहीं करते, तब तक आप यह भी नहीं जान पाते कि आपका मस्तिष्क क्या प्राप्त करने की योग्यता रखता है।

❑

सप्ताह—44

मनुष्य के लिए सबसे अच्छी सच्चाई यह है कि वह जिस पर अपना मन बना ले, वह जो चाहे, पा सकता है। कठिनाई यह नहीं कि वह अक्षम है, बल्कि यह है कि वह अपने लक्ष्य के बारे में स्पष्ट राय नहीं रखता। अधिकतर लोग अपने जीवन का उद्‌देश्य ही नहीं समझ पाते। यदि उद्‌देश्य ही नहीं होगा तो योजना भी नहीं होगी।

—फिल टेलर

राल्फ वाल्डो एमरसन ने कहा है, "जब तक आप कुछ ऐसा नहीं करते, जो आपकी क्षेत्र विशेष की निपुणता के परे हो, आप कभी विकास नहीं कर सकते।" हम इस बात को सहज बोध से जानते हैं; किंतु कभी-कभी अपनी उपलब्धियों से संतुष्ट हो जाना भी गलत नहीं। उद्‌देश्य बताने का यह है कि कुछ नया सीखने की आकांक्षा रखना और उसको सीखकर जीवन के क्षेत्र में लागू करने हेतु कड़ा परिश्रम व वचनबद्धता का गुण होना आवश्यक है; किंतु जब हम सीख जाते हैं और एक संतोष का भाव हममें समाहित हो जाता है तो हम यह सोचने लगते हैं कि हम जितना कर सकते थे, उससे बहुत अधिक पा लिया है।

छोटे बच्चे को आसानी से प्रशंसा मिलती है, चाहे वह पहला कदम चलने पर हो, चाहे कविता याद करके सुनाने पर, चाहे नृत्य प्रदर्शन हो, चाहे पिआनो बजाने का प्रदर्शन हो, चाहे फिर अर्जित डिप्लोमा। इस

पहचान को प्रशंसा आसानी से इसलिए भी मिलती है, क्योंकि यह पहली बार मिला। जब ऐसी पहचान बार-बार मिले तो साधारण सी बात लगने लगती है।

'पहली बार' का बच्चे पर भावात्मक असर बहुत होता है। अपने आत्म-सम्मान का खाता भरा हुआ रहने के लिए आवश्यक है कि हम स्वयं की योग्यताओं को चुनौतियाँ देते रहें, चाहे वह चुनौती शारीरिक सहन-शक्ति की हो, मानसिक बुद्धि या आध्यात्मिकता का निर्माण हो, हमें अपनी तरफ से सर्वोत्तम प्रयास करना है।

जब हम अपनी ओर से उत्कृष्ट प्रयास कर सफल होते हैं तो 'मैं कर सकता हूँ। सकती हूँ' का भाव ही मजबूत नहीं होता, हमारा आत्मविश्वास भी बढ़ता है। हम चाहे चंद्रमा पर न जा सकें, पर विश्वविद्यालय में जाकर अपने को किसी कोर्स के लिए नामांकित करवा सकते हैं। किसी संस्था में जाकर नौकरी के लिए आवेदन-पत्र दे सकते हैं। हम किसी के साथ मधुर संबंध बना सकते हैं। क्या जीवन के ये अभूतपूर्व विकल्प नहीं बन सकते?

सफलता के लिए तैयार हों

—डॉ. नेपोलियन हिल एवं डब्ल्यू. क्लीमेंट स्टोन

सोचिए, उन लोगों के बारे में सोचिए, जो बिना किसी उद्देश्य के, असंतुष्ट हो, कई स्तरों पर संघर्ष करके जीते हैं। क्या आप अभी बता सकते हैं कि आपके जीवन का लक्ष्य क्या है? जीवन में अपने जीवन का गंतव्य स्थान निश्चित करना आसान नहीं, उसके लिए कठिन स्व-परीक्षण करना पड़ता है। चाहे कीमत कुछ भी देनी पड़े, जैसे ही आप अपना लक्ष्य चुन लेते हैं, आपको उससे मिलने वाले फायदों का अहसास होने लगता है। ये लाभ आपको सहज ही मिल जाते हैं—

1. सबसे पहला लाभ कि आपका अवचेतन मन जगत् विश्वव्यापी शक्ति के अंतर्गत काम करने लगता है। ''आपका मस्तिष्क जो आत्मसात् कर ले, उस पर विश्वास कर ले तो कुछ भी पाया जा सकता है।'' चूँकि आपका दिमाग अपने गंतव्य को साकार रूप में देख लेता है, अतः अवचेतन मन इस स्व-सलाह से भी प्रभावित होता है। वह आपके लक्ष्य तक पहुँचने में आपकी सहायता करता है।
2. चूँकि आपको पता है कि कहाँ जाना है, आप सहज भाव से ही सही, और उचित दिशा में निकल पड़ते हैं, आप क्रियाशील हो जाते हैं।
3. अब आपको काम में मजा आने लगता है। आप अपने लक्ष्य को पूरा करने के लिए कोई भी कीमत देने को तैयार होते हैं, प्रेरित होते हैं। आप समय और धन का बजट बनाकर सदुपयोग करने लगते हैं। आप संबंधित बातों का अध्ययन व मनन-चिंतन कर योजना बनाते हैं। आप जितना अपने उद्देश्य के बारे में सोचते हैं, उत्साहित होते जाते हैं और जितने उत्साहित होते जाते हैं, आपकी इच्छा प्रबल इच्छा में परिवर्तित होने लगती है।
4. आप अपने आस-पास के सुअवसरों के प्रति सजग हो जाते हैं। वे दैनिक अनुभवों में आपको स्पष्टतः नजर आने लगते हैं। चूँकि आपको मालूम है कि आप क्या चाहते हैं, आप अवसरों को भली-भाँति पहचानने लगते हैं।

यदि आपका मानसिक दृष्टिकोण सकारात्मक होगा तो दुनिया झुकेगी और आपको खुशियाँ, सफलता एवं संपन्नता मिलेगी।

❑

सप्ताह–45

हमें अपने में क्या परिवर्तन लाना चाहिए? इसका सरल शब्दों में यह जवाब है कि जो कुछ पाना चाहते हैं, उसे पाने के लिए हमें अपने विचार, भाव और कार्य के तरीके बदलने पड़ेंगे। हम वर्तमान में जो हैं, वह रहकर इच्छित वस्तु नहीं पा सकते। यदि ऐसा हुआ होता तो वे आकांक्षाएँ पूरी कर चुके होते। इससे स्पष्ट है कि हमें अंदर से ही परिवर्तन लाना होगा।

—माइकल जोएस्टन

परिवर्तन ऐसी प्रक्रिया है, जो अधिकतर लोग नहीं चाहते, चाहे फिर वह नौकरी, घर, संबंध, सदस्यता इत्यादि हो। अधिकतर सभी क्षेत्रों में लोग परिवर्तन के प्रति शिकायती रवैया रखते हैं। क्षितिज पर उदित होते नए को गले लगाने के बजाय वे पुराने समय को याद करके ही शोक मनाते नजर आते हैं। परिवर्तन की प्रक्रिया को सूर्योदय या सूर्यास्त दोनों ही माना जा सकता है। दोनों ही प्रकृति की शोभा में वृद्धि करते हैं। फिर भी, केवल सूर्यास्त के समय से ज्यादा जीवन में सूर्योदय एवं सूर्यास्त का अनुभव अधिक रोमांचकारी होगा।

यदि हम अपना नजरिया बदल लें तो बदलाव की यह प्रक्रिया एक सुखद प्रक्रिया लगेगी। यदि हम यह देखें कि इस परिवर्तन से लाभ कितना हो रहा है, बजाय इसके कि हानि कितनी हो रही है। इसे इन ऐंड यॅग के सिद्धांत से जोड़ें। बिना परिवर्तन के हम निष्क्रिय हो जाएँगे।

जिस तरह जमा हुआ पानी बदबू छोड़ता है और उसमें जीव-जंतु पनपते हैं और वह पीने योग्य भी नहीं होता। स्पष्ट है कि परिवर्तन लाने से कतरानेवालों की लोग भी उपेक्षा करते हैं।

इसके विपरीत, बहता पानी न केवल ताजा होता है, वह आसपास भी ताजगी फैलाता है। तभी उसकी सुंदरता हमें नदी के तटों की ओर ले जाती है। वह हमें निराशा नहीं, स्फूर्ति देती है; वैसे ही परिवर्तन नए-नए तरीकों से हममें उत्साह व उमंग का संचार करता है।

वर्तमान में जिएँ और बदलाव को खुशी से अपनाएँ, चाहे फिर वह दिनचर्या, खान-पान या व्यायाम हो। जीवन में जो कुछ निश्चल-सा हो गया हो तो समझ लीजिए कि परिवर्तन की आवश्यकता है। जरूरी नहीं कि परिवर्तन बहुत बड़ा हो। व्यायाम की जगह 30 मिनट सैर ही कर ली।

तो क्यों नहीं स्वयं को परिवर्तन की प्रक्रिया के लिए चुनौती देते? छोटे बदलाव से शुरू कीजिए, जिसमें खतरा न हो; जैसे बर्फ का गोला नीचे जाते हुए अपनी गति और आकार बढ़ाता जाता है। यह निश्चित है कि इस छोटे से परिवर्तन में ज्यादा कुछ नकारात्मक नहीं होगा और आगे सकारात्मक ही होगा, जब आप परिवर्तन की प्रक्रिया में भाग लेंगे और स्वयं को जीवंत जीवन का उपहार देंगे।

एक हाथ दे, एक हाथ ले

—डॉ. नेपोलियन हिल

जीवन में बिना दिए कुछ भी प्राप्त नहीं होता। हर वस्तु की एक कीमत होती है और वह कीमत चुकानी ही पड़ती है। निजी उपलब्धि के नियम भी गणित की तरह होते हैं। यदि निजी उपलब्धि का कोई विज्ञान है तो यह 17 सिद्धांतों में सिमटा है।

आप इसी पाठ्यक्रम के छात्र हैं, अतः आपके शब्दकोश में निष्फलता

जैसा कोई शब्द नहीं और उसके भी गुरु, 'मुझे कभी अवसर ही नहीं मिला' जैसे वाक्य तो बिल्कुल भी नहीं। आपको अवसर मिला है, निश्चित ही मिला है। आपके समक्ष पाँच सौ से ज्यादा महान् व्यक्तियों द्वारा अपनाए गए ये सिद्धांत आपके लिए विशेषाधिकार के रूप में प्रस्तुत हैं।

तो सोचा है आपने कि इस अवसर के बारे में क्या सोचा है?

सफल होने के लिए बहुत अधिक ज्ञानी होना जरूरी नहीं है; पर उस ज्ञान का निरंतर प्रयोग करना आवश्यक है।

आप समय का प्रयोग कैसे कर रहे हैं? आप कितना समय नष्ट कर रहे हैं और कैसे नष्ट कर रहे हैं?

और आप समय के इस विनाश को कैसे बचाएँगे?

❑

सप्ताह–46

प्रतिकूलता के असीमित अवसरों में हम अपने स्वनिर्मित अवरोधों को हटाकर परिवर्तित कर सकते हैं। जैसे ही बाधाएँ दूर होंगी, एक पवित्र शांति का प्रकाश-पुंज आपके समक्ष दिखाई देगा। मैंने अपनी बचपन की प्रतिकूल परिस्थितियों को 360० के कोण पर घुमाकर सकारात्मक कर्मशीलता में वृद्धि, बहुमूल्य सीख व उद्देश्य के लिए उपयोग किया।

—टेलर टॅग

आदर-सम्मान में सात अक्षर हैं (मात्राएँ मिलाकर)। जैसे शेक्सपीयर के जीवन के सात चरण, मनुष्य शरीर में सात चक्र, सात समुद्र, विवाह की सप्त विधि आदि। आदर-सम्मान चरणों में दिया जाता है या कमाया जाता है। यह उत्तराधिकार या जन्म से प्राप्त नहीं होता। यह कई चरणों में पाया जाता है; किंतु एक क्षण में खो जाता है। इसीलिए दूसरों से व्यवहार करते वक्त अपने आदर-सम्मान के साथ खिलवाड़ नहीं करना चाहिए; बहुत सतर्कता से पेश आना चाहिए।

जब आप लोगों से सम्मान से पेश आते हैं तो वे भी आपसे वैसा ही सम्मानजनक व्यवहार करते हैं। जब आप किसी का अपमान करते हैं तो नतीजा दुश्मनी हो सकता है। आप किसी के प्रति अनादर केवल शब्दों या भाषा से नहीं, व्यवहार, शिष्टाचार, पोशाक और निजी आदतों से भी दिखाते हैं।

उदाहरण के लिए, यदि आप महँगे रेस्तराँ में खाना खाते हैं, किंतु खाना खाने के बाद मेज काफी बिखरी हुई छोड़ जाते हैं, महिला वेटर पर ताने कसते हैं, अकड़ते हैं, तो ऐसा करने पर कोई भी आपका सम्मान नहीं करेगा। रेस्तराँ के लोग आपके जाने पर ही अधिक प्रसन्न होंगे। आप जिन लोगों से जीवन में पारस्परिक संबंध रखते हैं, उनके जीवन पर क्या प्रभाव डालना है, इसका फैसला आपको करना है। यदि आप असभ्य, संवेदन-शून्य और असम्मानजनक व्यक्ति के रूप में अपनी यादें छोड़ना चाहते हैं तो वह भी लक्ष्य पूरा हो सकता है। यदि आपका सम्मान होगा तो आपके जाने पर, सामने रहने पर नहीं।

याद है, आपको विद्यालय में 'कृपया' व 'धन्यवाद' जैसे शब्दों का अकसर प्रयोग करना सिखाया गया। यह भी बताया गया कि जब हम किसी और पर उँगली (दोष देना) उठाते हैं तो बाकी तीन उँगलियाँ हमारी अपनी ओर इशारा करते हुए कहती हैं, 'असल अपराधी तुम हो।' माँ ने भी आपको बड़ों का आदर करना, कमरे को साफ रखना, बोलने से अधिक सुनना और न जाने कितने साधु-संतों द्वारा दिए गए उपदेशों की सूची सुनाई देगी।

अभी भी देर नहीं हुई है। नए सिरे से जीवन और शिष्टाचार को व्यवहार में लाना आरंभ कीजिए। किसी के लिए दरवाजा पकड़कर रखिए, आभार व्यक्त कीजिए, खुद आस-पास की सफाई करने का प्रयत्न कीजिए और किसी से मदद के निवेदन से ज्यादा स्वयं उसकी सहायता करने की कोशिश कीजिए। मुमकिन है कि शिष्टाचार आपको आगे चलकर सफलता दिलाने में मदद करे। मनमोहक व्यक्तित्व आपसे ही आरंभ होता है और आप पर ही समाप्त। हाँ, यदि व्यक्तित्व मनोहर नहीं होगा तो जीवन में प्रतिकूलता व हार का सामना पहले करना पड़ेगा, जिसके बाद आप कोई पाठ सीख पाएँगे।

ग्लानि से मुक्ति : मंत्र

—डॉ. नेपोलियन हिल

सबसे पहले कोई ऐसा भाषण, सलाह व धर्मोपदेश सुनिए, जो आपके जीवन में परिवर्तन ला सकता है।

अपने जीवन के वरदानों को याद करके ईश्वर का धन्यवाद कीजिए। गलतियों के लिए हृदय से क्षमा माँगिए। जब जीवन में मिली अच्छाइयों का अहसास हो जाता है तो क्षमा माँगने में भी कोई तकलीफ नहीं होती। ईश्वर ही शक्ति भी देता है।

…पहला कदम तो बढ़ाइए। यह बहुत जरूरी है। ये आपके जीवन में बदलाव लाने की कोशिश के आसार हैं। जिम ने संस्था के गलियारे से जाते हुए यह घोषणा की कि वह अपने बीते हुए कल पर शर्मिंदा है और नए जीवन की शुरुआत के लिए तैयार है, जीवन में परिवर्तन के लिए तैयार है।

…सुधार करना भी प्रारंभ कीजिए। दूसरा कदम, हर गलत कार्य को ठीक तरीके से करने का प्रयत्न करें।

और सबसे अंतिम पड़ाव—स्वर्णिम सिद्धांत लागू करें। अब तक यह काम आसान हो जाना चाहिए। कई बार जब थोड़े स्वार्थी होकर गलत रास्ते पर बढ़ें तो निश्चित ही आपकी अंदर की आवाज आपके कानों में कुछ कहेगी। रुकिए, उस आवाज को सुनिए, जीवन के उपहारों को याद कीजिए। स्वयं को दूसरे के स्थान पर रखकर सोचिए कि यदि आपको वह व्यक्ति बनकर निर्णय लेना होता तो आप क्या निर्णय लेते?

❑

सप्ताह—47

आज के दौर में उत्पादों, सेवाओं और सूचनाओं का इतना प्रचार-प्रसार होता है और इसी कारण वर्तमान उत्पादों और सेवाओं में नई-नई महत्त्वपूर्ण व अभूतपूर्व खोजें भी हो रही हैं। इस प्रकार का लाभदायक और विशेष विकास का स्रोत किसी बात का परिणाम नहीं होता, बल्कि ये परिस्थितियाँ कई प्रश्नों से जन्म लेती हैं।

—जिम स्टोवल

हम सभी 'सृजनात्मक दृश्य' के सिद्धांत को लागू करने में सक्षम हैं। नेपोलियन सिखाते हैं कि दो तरह की सृजनात्मक संकल्पनाएँ होती हैं—कृत्रिम (बनावटी) संकल्पना व सृजनात्मक संकल्पना; हालाँकि कृत्रिम संकल्पना ही अधिकतर देखने को मिलती है, किंतु वह भी मूल्यवान् है; क्योंकि वह पहले से उपस्थित कल्पना के आधार पर की गई होती है और उसका प्रयोग भी किया गया होता है। क्या आपने अखबार के स्तंभों में नव-प्रवर्तनशील प्रयोगों के बारे में पढ़ा है, जो फेंक देने योग्य वस्तुओं से कई वस्तुएँ बनाना सिखाते हैं? जैसे कैन, पुराने अखबार, बल्ब इत्यादि। वातावरण संरक्षण के लिए ऐसा करना अत्युत्तम है।

कृत्रिम संकल्पनाएँ हमें पहले से ही प्रस्तुत विचारों, अनुमानों, वस्तुओं, योजनाओं और तथ्यों को नए नतीजों के लिए पुनर्व्यवस्थित करने के लिए चुनौती देती हैं। एक मजेदार क्रियाकलाप है, जिसमें खेल के सदस्यों को

एक ऐसा उत्पाद दिया जाए, जो कि आसानी से समझ न आए, फिर यह पूछा जाए कि वह घर या व्यापार में किस काम आ सकता है। यह बहुत ही मजेदार गतिविधि कही जा सकती है, क्योंकि जब उस उत्पाद का सही उपयोग पता चलेगा तो लोगों को अपनी कल्पना-शक्ति पर कितनी हँसी आएगी। इससे कृत्रिम संकल्पना के विकास होने की संभावना होती है।

सृजनात्मक कल्पना को हम अति कुशाग्र बुद्धि का स्फुलिंग कह सकते हैं, जो अतींद्रिय शक्ति (Sixth sense) से आती है। इसको जगत् प्रज्ञा से लिया गया (Download) ज्ञान भी कह सकते हैं। बोध रचना के नए रूप को दुनिया में आने की प्रेरणा देता है। हो सकता है, इसी बोध ने मनुष्य को आग पर खाना पकाने की, किसी को आग जलाकर स्वयं को गरम रखने की और किसी को कड़कती बिजली देख दुनिया को बिजली देने की प्रेरणा मिली हो।

हमारे स्वप्न हमें परिभाषित करते हैं, क्योंकि उसी से स्वयं और मनुष्यता के लिए बेहतर दुनिया की कामना करते हैं, कल्पना करते हैं। जब हम कोई नवीन संकल्पना कर उसे धरती पर उतारते हैं तो वह सृजनात्मकता की ऊँची सीढ़ी है। 'शून्य' से 'कुछ' स्वप्न का ही तो परिणाम है। स्वप्न ही तो अतींद्रिय से भौतिक रूप में वस्तु को ला दुनिया के प्रयोग हेतु मूर्त रूप देता है। इंद्रधनुष, चाँदनी रात का मजा, बिजली की कड़क, हवा, खुशबुएँ आदि संवेदनात्मक घटनाएँ हमारी इच्छाएँ जगाती हैं। हमें शाहबलूत के फल में छिपे जज्बे को देखना चाहिए, जो इतने बड़े वृक्ष को जन्म देता है, जो कितने ही जीव-जंतुओं को आश्रय प्रदान करता है। बादलों में कड़कती बिजली का सार उस घर में प्रकाश देती बिजली में है, जो हमारे घरों और जीवन को विविध रूप में रोशन करती है।

इस दिखाई देनेवाले संसार के बाहर आपको क्या दिखता है? शायद स्वप्न जैसा ही कुछ। जिनके बारे में हम सोचते हैं, उनसे आशीर्वाद पाकर, एक-एक छोटे कदम आगे बढ़ा इस दुनिया को हम और बेहतर बना सकते हैं।

अंदर के विशाल योग्य आत्म को जगाएँ

—डॉ. नेपोलियन हिल

वास्तव में आप मस्तिष्क हैं, जिससे शरीर प्राप्त है और आपके मस्तिष्क को दोहरी व अदृश्य विशालकाय ताकतें मिली हुई हैं। एक शक्तिशाली शक्ति कभी भी सोती नहीं और वह है अवचेतन मन। एक और शक्तिशाली व्यक्तित्व है, जो सोता है तो शक्तिहीन हो जाता है और जगाओ तो वह संभावित शक्ति से परिपूर्ण हो जाता है। इसका नाम है 'मस्तिष्क' या 'चेतन मन'। जब दोनों में तालमेल होता है तो उनमें इतनी शक्ति आ जाती है कि वे परिचित या अपरिचित ताकतों को पहचानकर, उन्हें प्रभावित कर उनका उपयोग भी कर सकते हैं, नियंत्रित भी। यही नहीं, उन ताकतों में आपस में भी तारतम्य बिठा सकते हैं।

"आप क्या चाहते हैं, आपकी क्या सेवा करें? आपकी इच्छा हमारे लिए आदेश है—मैं और दीपक के अन्य नौकर।" जिनी ने कहा।

अपने अंदर के विशालकाय दैत्य (स्व) को जगाइए। वह अलादीन के जादुई दीपक की जिनी से कई गुना ताकतवर है। वह जिनी काल्पनिक है। यह स्व वास्तविक है।

आप क्या चाहते हैं—प्रेम, स्वास्थ्य, सफलता, दोस्त, धन, कार, पहचान, मन-मस्तिष्क की शांति, साहस, खुशियाँ, आसपास और दुनिया को रहने हेतु अधिक बेहतर बनाना? यह सोया हुआ अवचेतन मन अपनी शक्ति से सभी इच्छाओं को मूर्त रूप दे सकता है।

आपकी क्या इच्छा है? आप बस, नाम लीजिए और हाजिर हो जाएगी। अवचेतन मन को जगाइए। कैसे?

सोचिए, अपनी सोच को केवल सकारात्मक रखिए।

❑

सप्ताह—48

कहानियाँ शक्तिशाली क्यों होती हैं? क्योंकि उनमें एक गहरा सच छिपा होता है। आज के समय में समाज में एक प्रमुख तत्त्व लुप्त-सा हो गया है और वह यह है कि लोग कहानियों का मोल भूल गए हैं। प्राचीन संस्कृति में कहानियों के माध्यम से ही ज्ञान व समझदारी एक पीढ़ी से दूसरी पीढ़ी तक पहुँचाई जाती थीं।

—केरन लार्सन

अब, जब वर्ष के अंत में क्रिसमस व छुट्टियों का समय दस्तक दे रहा है तो स्वाभाविक रूप से पिछली वे सारी घटनाएँ याद आने लगी हैं, जब हमने विविध अवसरों पर उत्सव मनाया हो। हमें यह याद नहीं आता कि किसी उत्सव-स्थल पर सजावट कैसी थी या सबसे महँगा तोहफा किसका था। याद आता है तो अपनों का वह प्रेम, अपनत्व और प्यार से हमारे लिए किए गए कार्य। अपनी यादों के बारे में सोचिए। क्या वे स्मृतियाँ आपके चेहरे पर मुसकान लाती हैं? क्या वे आपके हृदय को छूती हैं? क्या आप उनके बारे में दूसरों को बता सकते हैं? क्यों नहीं आप उन स्मृतियों को लिखना शुरू करते? वरना वे तो आपके जाने पर समाप्त हो जाएँगी।

मेरे अनुसार, हमारी स्मृतियाँ हमें खुशियों के अलावा बहुत कुछ देती हैं; बल्कि हमारे जीवन की कहानी हमें अहसास कराती है कि हम

अपने में अनूठे हैं और किसी उद्देश्य से मनुष्य के रूप में जनमे हैं। हम एक-दूसरे की जगह भी नहीं ले सकते, क्योंकि वास्तव में सभी एक-दूसरे से अलग हैं। हम जिस उद्देश्य से यहाँ भेजे गए हैं, वह कार्य कोई दूसरा नहीं कर सकता। हमारे अनुभव, संस्कृति, यादें, जीवन की पृष्ठभूमि—सभी महत्त्वपूर्ण हैं। मुझे विश्वास है कि आप निश्चित ही आपके मृत अपनों, मित्रों और जानकार लोगों के बारे में कई प्रश्न पूछना चाहेंगे; किंतु अब उनके बारे में कुछ भी पूछना व्यर्थ है।

अब, जब आप आनेवाली छुट्टियों में सबको बधाई संदेश भेजने का कार्य आरंभ करेंगे तो नीचे दिए गए प्रश्नों के उत्तर तलाशने का भी प्रयत्न कीजिए। किसके साथ बिताया गया कौन सा लमहा आपको आज भी याद है? वह बधाई संदेश के साथ लिखकर भेजिए। विश्वास रखिए, लोग वह संदेश पत्र सँभालकर रखेंगे।

1. बचपन से बड़े होने के वर्षों की मेरी सबसे प्यारी याद कौन सी है?
2. इस मौसम का सबसे बेहतरीन गीत कौन सा है?
3. कौन से रीति-रिवाज का पालन मैं हर वर्ष करती हूँ?
4. मेरी छुट्टियों को मेरे एक संबंधी ने सुखकर बनाने की कोशिश की और कैसे?
5. मैं भावुकता के स्तर पर अधिकतर तब कृतज्ञता से भर जाता हूँ/जाती हूँ, जब···

अपनों को बताइए।

क्रिसमस जज्बा

—डॉ. नेपोलियन हिल

अब, जबकि एक वर्ष समाप्त होकर दूसरा आरंभ होने वाला है और

जब यह क्रिसमस उत्सव का माहौल बन ही चुका है तो क्यों न हम कुछ समय के लिए रुकें और जीवन के उन वरदानों के बारे में सोचकर ईश्वर के प्रति कृतज्ञता व्यक्त करें। आइए, हम दैवी शक्तियों से मिले निजी उपहार की सूची का अध्ययन करें। स्वयं से प्रश्न करें कि जो वर्ष हमें अपरिचित भविष्य से मिला रहा है, क्या हम उसके लिए तैयार है? क्या हम तनिक भी बेहतर बन पाए, जिससे कि हम मानव जाति के सदस्य कहलाने लायक और उस पर गर्व करने योग्य बन सकें?

मुझे औरों की इच्छा के प्रति राय देने का कोई अधिकार नहीं है और मुझे यह जानने का भी अधिकार नहीं कि औरों को जीवन में क्या वरदान मिले। मुझे बहुत कुछ मिला है और मैं उसके लिए अत्यंत आभारी हूँ।

पहला : मुझे अच्छे स्वास्थ्य और शक्ति का अपरिमित भंडार मिला है।

दूसरा : मेरे पास मेरे दो पुत्र और उनकी प्यारी माँ अर्थात् मेरी पत्नी है, जिनको शरीर व मस्तिष्क की शक्ति तथा स्वास्थ्य का वरदान प्राप्त है। मेरे ये अपने मेरे लिए प्रेरणा के स्रोत हैं। इन्हीं के सहयोग से मैं सफल व्यापारी और देशभक्त बन पाया।

तीसरा : मेरे पास मेरे परिवार और अपनों के लिए कार्य करने का अधिकार प्राप्त है, जो मुझे मानव आवश्यकताओं के हित में कार्य करने को प्रेरित व प्रोत्साहित करते हैं और मुझे सुरक्षा भी देते हैं।

चौथा : मैं उस देश की नागरिकता का आनंद लेता हूँ, जो युद्ध व उसके दु:खों से मुक्त है। ऐसा देश, जिसकी जनता के मन में शांति के लिए प्रेम, घर-परिवार के लिए आदर और ईश्वर के प्रति अटूट श्रद्धा का भाव सर्वोपरि रहता है।

पाँचवाँ : मैं अपनी व्यावसायिक महत्ता का आनंद लेता हूँ, जिसे मैंने कई लोगों की सहायता से अर्जित किया। मेरे अथक परिश्रम और दृढ़ विश्वास को ईश्वर ने सफलता का रूप दिया और नया वर्ष आरंभ होने से पहले मैं अपने स्वप्नों को साकार होते देखूँगा।

छठा : मुझे किसी और व्यक्ति के दोष देखने का कोई अधिकार नहीं। मैं सभी व्यक्तियों के साथ शांति से रहता हूँ। मैं ऐसी मानसिक स्थिति में हूँ, जहाँ मैं आजादी से, प्रभावशाली और आक्रामक तरीके से नए वर्ष में कार्य कर पाऊँगा। यदि मैंने इस वर्ष कोई अच्छे कार्य किए हैं तो उम्मीद करता हूँ कि नए वर्ष में दुगुने अच्छे कार्य करूँगा। यदि मैं इस वर्ष मानव जाति के लिए कुछ काम आ पाया हूँ तो नए साल में दुगुने तरीके से मनुष्य जाति के लिए कुछ कर पाऊँगा।

❑

सप्ताह—49

बचपन में आपको क्या करना सबसे अच्छा लगता था? यदि आप विश्लेषण करें तो पाएँगे कि आज भी आप वही मजा और खुशी अपने जीवन को आसान बनाने के लिए वापस ला सकते हैं। आपको पता है कि कुछ तो है, जो आप दूसरों से अच्छा कर सकते हैं? क्या आपने ऐसा व्यापार करने की कोशिश की, जिससे आप समाज में दूसरों की सहायता कर सकें या पैसा कमाने का कोई नया तरीका ढूँढ़ उसे अपनाने की?

—ग्रेग एथर्टन

जिस काम को कर रहे हैं, उसे मजे लेकर करें तो जिंदगी उबाऊ नहीं रहती। याद कीजिए कोई ऐसा कार्य, जिसकी आपने प्रत्याशा (उम्मीद) की हो और उसकी योजना की रूपरेखा तैयार करने में आपको उतना ही आनंद आया हो, जितना कि उस कार्यक्रम को करने में। जब हम प्रतिदिन की गतिविधियों में मजे लेने लगते हैं तो वे नई आशाओं से मिलकर सुनहरे भविष्य की नींव डाल देती हैं। शायद सकारात्मक दृष्टिकोण का यही ऊर्जा क्षेत्र है। स्वयं को अंत: प्रेरणा से ओत-प्रोत रखने का यही लाभ है कि हम अपना भविष्य प्रकाश में ही देख पाते हैं और हम जैसे विचार रखते हैं, उन्हीं बातों को अपनी ओर आकर्षित करते हैं।

मैं अधिकतर नॉर्मन कजिन्स की पुस्तक 'द एनाटॉमी ऑफ एन इलनेस' पर चिंतन-मनन करता हूँ कि किस प्रकार उसने हास्य औषधि से

अपने जीवन को रोग-मुक्त किया। जब हम हँसी से अपना रिश्ता कायम कर लेते हैं तो हम स्वयं को भी एक स्वस्थ संदेश देते हैं। यह प्रक्रिया स्वयं के आत्मिक व मानसिक घावों को भरने में सहायता देती है। यह सकारात्मक दृष्टिकोण का एक पहलू है, जो हमारी शारीरिक पीड़ा को हरने और भरने में सहायता करता है।

हम परिहास से भरपूर कलाकारों के नाटक, धारावाहिक व प्रस्तुतीकरण देखें और अपना मन प्रसन्न रखें। हास्य हमारी थकावट दूर करता है, इंद्रियाँ तेज करता है, काम का बोझ हलका लगने लगता है और मस्तिष्क को नए विचारों से भर देता है। दिल खोलकर हँसने से हम दुनिया को यह संदेश देते हैं कि हम अपने में सकारात्मक दृष्टिकोण का विकास कर रहे हैं।

यह जग-विदित है कि वयस्क कम ही हँसते हैं। यह कला मानो लुप्त होने लगी है। लोग दिल खोलकर शिकायतें करते हैं, हँसते नहीं हैं। यह वास्तविकता है, कर्कशता नहीं; हास्य संक्रामक है, परवशता नहीं। लोग हँसी में इतने गुम हो जाते हैं कि शारीरिक प्रतिक्रिया भी देने लगते हैं। हास्य हमारे व्यक्तित्व को प्रकाशमान करता है और याद दिलाता है कि जीवन के मध्य वर्षों में पहुँचने पर निराश व असहाय महसूस मत करो।

अपने जीवन में हास्य का विकास करने को एक चुनौती समझ ग्रहण करें। कुछ ऐसा देखें, जिससे आपको हँसी आए और मन प्रसन्नचित्त हो जाए। अपनी हँसी की प्रवृत्ति को अपनी आदत बना लें। उसे हर क्षण में शामिल करने का प्रयत्न करें। यह हँसी स्वयं के लिए उपहार सिद्ध होगी। मुसकराइए, हँसिए, दिल खोलकर हँसिए! आप अच्छा महसूस करेंगे।

स्वस्थ रहिए और आयुष्मान बनिए

—डॉ. नेपोलियन हिल एवं डब्ल्यू. क्लीमेंट स्टोन

आशावादी दृष्टिकोण आपके रोजमर्रा के जीवन में ऊर्जा, उत्साह,

स्वास्थ्य, कार्यक्षेत्र में बहुत महत्ता रखता है। ''मैं अपने जीवन में हर दिन, हर तरीके से बेहतर हो रहा हूँ।'' यह केवल खयाली शब्दावली नहीं, यह कारगर साबित होती है, जब मनुष्य दिन में कई बार इसका उच्चारण करता है।

एक तरह से ऐसा करने पर वह आशावादी सोच की सारी शक्तियों को अपनी ओर आकर्षित कर, उसके हित में कार्य करने को बाधित करती है। व्यक्ति उन शक्तियों का प्रयोग करता है, जो 'सक्सेस थ्रू अ पॉजिटिव मेंटल एटिट्यूड' के लेखक चाहते हैं।

आशावादी सोच कैसे आपकी मदद करती है?

सकारात्मक सोच आपका मानसिक व शारीरिक स्वास्थ्य ठीक रखकर आपकी उम्र लंबी करती है और नकारात्मक सोच निश्चित ही आपको मानसिक व शारीरिक रूप से कमजोर कर आयु को दीर्घ नहीं रहने देगी। यह सब आपके तावीज के पहलू को देखने के दृष्टिकोण पर निर्भर करता है। सकारात्मक सोच ने कई जानें बचाईं, क्योंकि उनका कोई करीबी था, जिसने अपनी प्रभावशाली आशावादी सोच को कायम रखा।

ऐसा भी लिखा गया है—''इसीलिए हम निराश नहीं होंगे; क्योंकि हम केवल दिखाई देनेवाली बातें नहीं देखते, बल्कि वह भी देख लेते हैं, जो इन आँखों से दिखाई नहीं देता; क्योंकि जो इन आँखों से दिखाई देता है, वह अस्थायी है और जो अदृश्य है, वह शाश्वत।''

❑

सप्ताह—50

भूलभुलैया में चलते जाना इस बात का स्पष्ट संकेत है कि आप अपने लक्ष्य को पाने के लिए कर्मशील हैं। भूलभुलैया में आप अंतर्ज्ञान से, अनंत ज्ञान से परिचित हो जाते हैं।

—उरील मार्टिनेज

यदि अपने स्वप्नों और लक्ष्यों को पाना है तो दृढ़ता आवश्यक है। जो कुछ आपको जीवन में रोमांचित और प्रेरित करता है, उसके प्रति दृढ़ रहें। ऐसा करने पर आप वर्तमान को भी मजेदार क्षणों से भर लेंगे। कर्मशील रहने पर आप अपने लक्ष्यों की सच्चाई का निर्माण भी करने लगते हैं। जब आप हृदय की किसी इच्छा पर सशक्त रूप से ध्यान केंद्रित करते हैं तो उसे मूर्त रूप देने के बहुत करीब होते हैं।

याद है, बचपन में कैसे क्रिसमस खरीदारी के ऐन मौके पर 'सीयर्स और मॉण्टेगोमेरी वाड्र्स' की श्रृंखला सूची/तालिका घर पर आती थी और किस प्रकार उन वस्तुओं की कल्पनाओं में ही समय बीत जाता था। हम नई-नई संकल्पनाओं में खो जाते, मानो वे वस्तुएँ हमारे पास हों। और किस तरह हमारे माता-पिता हमें कहते कि उस तालिका में उस खिलौने या वस्तु पर गोला लगाओ, जो तुम चाहते हो कि सेंटा तुम्हारे लिए लाए। वह पहला कदम होता था यह सीखने का कि जो हम कल्पना करें, इच्छा करें, वह पूरी भी हो सकती है। हम मस्तिष्क से उस छवि या इच्छा को पूरा होता देखते हैं। यदि हमारी अभिलाषाएँ महँगी नहीं होती

थीं तो क्रिसमस के अवसर पर हमें पेड़ के नीचे इच्छित वस्तुएँ मिल जाती थीं। हमारे माता-पिता को हमारी इच्छाएँ पूरी करने में ही मिल जाने का आनंद आता था और हमें अपना मनपसंद उपहार मिलने में। 'ए क्रिसमस स्टोरी' सिनेमा अवश्य देखें। हम सब में रेफी है और इसीलिए यह चलचित्र सबको पसंद आया। आज भी मेरे पास 'रेड राइडर बी.बी. गन' सुरक्षित है।

जैसे-जैसे हम बड़े होते गए, हमें वस्तुएँ पाने की प्रक्रिया का पता चलता गया—चाहे नौकरी पाई या स्कूल भी गए, वह पैसे बचाकर पहली कार खरीदी, मनपसंद कपड़े लिये या विदेश यात्रा। यह सब इसलिए कर पाए, क्योंकि मन-मस्तिष्क की आँखों से हमने वे सभी स्वप्न पूरे होते देखे थे।

केवल दृढ़, सतर्क और तैयार रहने से हमारे न जाने कितने कार्य जल्दी पूरे हो जाते हैं। जब मैं एक समय में अनेक काम करने को उत्तेजित हो जाती हूँ तो मैं 'स्व' (अपने मन) से पूछती हूँ कि हाथ में लिये गए कार्य को पहले कैसे पूरा करूँ? बहुत से जवाब मिलने लगते हैं। यदि मैं अंतर्ज्ञान से जवाब ढूँढ़ूँ तो उत्तर भी मिल जाता है और बहुत देर तक कामों की सूची देख-देखकर चिंतित नहीं होना पड़ता। जब मैं अपने चिंतन में लगे जालों को साफ कर आशावादी तरीके से सोचती हूँ तो अंतर्ज्ञान मेरे लिए काम करने लगता है और ऐसे में किसी विषय को लेकर कोई योजना सामने आती नजर आए तो उसे नजरअंदाज न करें। अंतर्ज्ञान की सुनते जाइए और जल्द ही आपको इच्छित अभिलाषा मूर्त रूप में दिखेगी।

संकल्पना

—डॉ. नेपोलियन हिल

यह संकल्पना की शिक्षा इस पाठ्यक्रम का मूलभूत केंद्र है। हर सबक संकल्पना के सिद्धांत को ही मूल में लेकर चलता है। जिस प्रकार घर में

रखे लैंड लाइन फोन के सभी तार दूरसंचार विभाग के प्रमुख कार्यालय के स्रोत से जुड़ते हैं, वैसे ही सभी प्रशिक्षणों के अभ्यास के मूल में यही सिद्धांत है। आपके जीवन में तब तक निश्चित लक्ष्य, आत्म-विश्वास, नेतृत्व शक्ति या अंतर्ज्ञान नहीं आएगा, जब तक आप इनकी कल्पना कर उसे अपने पास होने का विश्वास नहीं कर लेते।

जैसे शाहबलूत का पेड़ अपने फल में छुपे जीवाणु से जन्म लेता है, पक्षी अंडे में छिपे सुप्त जीवाणु से, वैसे ही आपकी भौतिक इच्छाएँ आपकी कल्पना में छुपी योजनाओं से पूरी होंगी। सबसे पहले विचार आता है, फिर विचारों का संकल्पनाओं और योजना में सुव्यवस्थित परिवर्तन और फिर उनका मूर्त रूप में रूपांतरण। शुरुआत कल्पना से ही होती है।

कल्पना स्वभाव से ही व्याख्यात्मक और सृजनात्मक होती है। वह तथ्यों, अवधारणाओं, संकल्पनाओं का विश्लेषण करता है। संकल्पना नए संश्लेषणों और योजनाओं का निर्माण कर सकती है।

संकल्पना का एक और गुण है, जिसकी शक्ति के बारे में कम ही चर्चा होती है। अपनी व्याख्यात्मक क्षमता के कारण कल्पना कंपन और तरंगों को कार्यान्वित कर सकती है, वैसे ही जैसे रेडियो का उपकरण ध्वनि का कंपन ले उसे आवाज में परिवर्तित करता है। जिस सिद्धांत के आधार पर कल्पना की यह व्याख्यात्मक क्षमता कार्य करती है, उसे पारेंद्रिय ज्ञान कहते हैं। ऐसा संपर्क साधन, जो विचारों को एक मस्तिष्क से दूसरे मस्तिष्क, चाहे पास हो या दूर, बिना किसी उपकरण के पहुँचा देता है। यह पाठ्यक्रम के परिचय अभ्यास में दिया गया है।

❑

सप्ताह–51

आप शरारतियों की सूची से बाहर हो सकते हैं, अगर याद रखें कि किसी के साथ समय बिताने या किसी को अपना समय देने से बड़ा उपहार कोई नहीं। किसी के सुख-दुःख बाँटना और बदले में कोई अपेक्षा भी न रखना।

—सेंटा

इस बार छुट्टियों में आइए, अपना ध्यान लोगों के सकारात्मक दृष्टिकोण के विकास पर लगाइए। स्फूर्तिदायक व्यवहार मुफ्त मिलते हैं और आसानी से दिए जा सकते हैं। एक मुसकान, किसी की प्रशंसा, पहचान, साथ, रोजमर्रा के कार्य में बिताया गया समय, जैसे—बरतन धोना, पालतू पशुओं की देखभाल, समाज-सेवा, रेडियो पर कॅरोल आते ही साथ में गुनगुनाना आदि स्वाभाविक रूप से हमारी आशावादी सोच का परिचय देता है।

चाहे सेंटा (Santa) बनकर आस-पास के मॉल में जाना, बच्चों के साथ स्लेज में जाना, प्रकृति के बीच सैर, मौसम के अनुसार सजावटें, विशेष व पसंदीदा व्यंजन, मीट या चिकन के व्यंजन। त्योहारों का जज्बा, जो भी मजे लेकर आता है, वही जीवन भर यादें बनकर साथ रहता है।

कई लोगों में त्योहार खत्म हो जाने की उदासी नए वर्ष तक रहती है। ऐसे में लोगों को जीवन की ओर, खुशियों की ओर प्रेरित करने के लिए ऐसे लोगों को आध्यात्मिक, सामाजिक, शारीरिक व मानसिक गतिविधियों

में उलझाए रखना नितांत आवश्यक है। यदि उन्हें भावात्मक या आर्थिक बातों में लगाएँगे तो उनके निराश होने के आसार अधिक होंगे। किसी को भी भौतिक या सांसारिक उपहार की बजाय बेहतर होगा कि उनकी उदासीनता को दूर करें। यही उनके जीवन का सबसे अच्छा उपहार होगा।

क्यों न हम यह निश्चय करें कि वातावरण में से नकारात्मकता हटा देंगे। यह मानसिकता शिकायत करने की आदतों के कारण, अफवाहों, गपशप, तुलना, मन में ईर्ष्या रखना और बातचीत के अभाव में पनपती है। यह सबकुछ करने पर हम कभी प्रसन्न नहीं रह सकते और निराशा के अँधेरों में घिरने लगते हैं। खुशी हमारे जीवन से दूर चली जाती है।

हार न मानें—नकारात्मकता के विरुद्ध आशावादी सोच व सद्‌भावना द्वारा हमला करें। इससे परिस्थिति बदलेगी। हममें सद्‌भावना की पारसमणि और दयालुता का गुण अवश्य होना चाहिए। आनेवाला क्रिसमस त्योहार 'क्रिसमस केरल' के स्कूज की याद दिलाता है। समाधान आसान है। आशावादी सोच को बढ़ावा दें। फिर देखिए, कितने ही वरदान आपके होंगे, सालो-साला खुशियाँ आपके साथ होंगी।

संतोष

—डॉ. नेपोलियन हिल

विश्व का सबसे धनी व्यक्ति 'खुशी' की घाटी में रहता है। वह ऐसे गुणों से पूर्ण होती है, जो सहिष्णुता सिखाती है और व्यक्तित्व में तेज लाती है। ये सारे गुण उसमें संतोष, स्वास्थ्य, मन की शांति लाते हैं और ऐसा व्यक्ति अपनी आत्मा के साथ तारतम्य में रहता है।

उसके पास समृद्धि और असली धन का खजाना रहता है।

"मुझे औरों को खुशियाँ देने में खुशी की प्राप्ति हुई।"

"जीवन क्षणिक है, इस अहसास के साथ जीने में और शरीर को

जितनी आवश्यकता है, उतना ही खाने के कारण मुझे अच्छा स्वास्थ्य प्राप्त हुआ।''

''मुझे न किसी से नफरत है, न ईर्ष्या। मैं सभी से प्रेम और पूरी मानव जाति का सम्मान करता हूँ।''

''मैं प्रेम में विश्वास करता हूँ और उदारता से लुटाता हूँ। इसी कारण मैं थकता भी नहीं हूँ।''

''मैं रोज प्रार्थना करता हूँ—धन के लिए नहीं, बल्कि ज्ञान के लिए, जो मुझे वास्तविक अर्थों में समृद्ध होने की ओर ले जाता है।''

''मैं किसी को भी दोष देने में विश्वास नहीं करता और मानहानि का बदला लेने का प्रयास करता हूँ।''

''मैं किसी का अहसान नहीं लेता, केवल मुझे मिले वरदानों को सबके साथ बाँटने में विश्वास रखता हूँ।''

''मेरे अपने अंत:करण के साथ अच्छे संबंध हैं। शायद इसी कारण वह मेरा उचित मार्गदर्शन करता है।''

''मेरे पास आवश्यकता से अधिक धन है, क्योंकि मैं लालच से दूर और मुक्त हूँ। मैं उन्हीं वस्तुओं की आकांक्षा करता हूँ, जिनका मैं रचनात्मक तरीके से प्रयोग कर सकूँ। जिनके साथ मैंने जीवन के वरदान बाँटे, वहीं से मुझे धन की प्राप्ति हुई।''

''खुशी की घाटी' की जो संपत्ति मेरे पास है, मुझे उसका कर नहीं चुकाना पड़ता। असल में वह संपत्ति मेरे मन-मस्तिष्क में है, जो अमूर्त है और आँकी नहीं जा सकती, सिवाय उन लोगों के, जो मेरी जीवन-शैली अपनाते हैं। मैंने यह संपत्ति ब्रह्मांड व प्रकृति के नियमों को देखकर और उन्हें जीवन में लागू करके अपनाई है।''

❑

सप्ताह–52

जब मैं यहाँ अपने कार्यालय में बैठा हूँ, अपनी पुस्तकों और चित्रों से घिरा हुआ, जो मुझे प्रेरित करता है कि मैं सोचूँ कि आप तथा दूसरे लोग क्या महसूस करते हैं और सोचते हैं। न जाने क्यों, मेरी सोच निराशाजनक है। बढ़े हुए दर्द, पीड़ा और अत्यधिक थकान ने मुझे नकारात्मक बना दिया है। मैंने अपने चारों तरफ की दीवारों को देखा और मानो चमत्कारिक रूप से और दृष्टिकोण में परिवर्तन आ गया।

—टॉम कनिंघम

आपके घर में कोई ऐसी जगह है, जहाँ आप खुद को महसूस करते हैं? कोई कमरा या छोटा सा कोना, जहाँ आपकी बहुत सारी वस्तुएँ, तसवीरें, छोटा संकलन और वे सभी चीजें, जो आपके मन में शांति लाएँ और विश्वास दिलाएँ कि 'दुनिया में सब ठीक है।' जब मैं आस-पास देखती हूँ तो बहुत सी वस्तुएँ मुझे लोगों की और मेरे प्रिय पशुओं की याद दिलाती हैं। मुझे मेरी रुचि के क्षेत्र की भी याद दिलाते हैं। कई श्रेणियों की पुस्तकें, सी.डी. (compact disc), तसवीरें मुझे उन सभी जगहों की याद दिलाती हैं, जहाँ मैं घूमकर आई। मेरे परिवार और मित्रों की तसवीरें मेरे हर कमरे में हैं। जब मैं ये सारी वस्तुएँ एक साथ देखती हूँ तो अहसास होता है उन बीते हुए सुखद क्षणों का और मैं स्फूर्ति एवं आशा से भर जाती हूँ।

लेखन के क्षेत्र में मेरी विशेष रुचि है, इसी कारण मेरी डायरी में मेरी स्मृतियाँ सुरक्षित हैं। जब मैं कुछ लिखकर रखती हूँ तो मुझे वह लंबे समय तक याद रहता है। वह मेरे जीवन का हिस्सा बन, अपनी महत्ता बताकर मेरे जीवन में काम आता है। चाहे किसी का जन्मदिन, मेरी कार्यसूची, व्यंजन-विधि या कल्पना—सभी कागज पर उतरते ही जीवन में विशेष स्थान ले लेते हैं। जगत् के प्रसिद्ध स्थानों पर निवेदन पुस्तिका रखी होती है। लोग वहाँ अपनी प्रार्थनाएँ, विनतियाँ, कृतज्ञता या अपना प्रेक्षण (Observation) लिखकर ब्रह्मांड की देखरेख में छोड़ जाते हैं।

नेपोलियन हिल का मानना है कि नई संकल्पनाओं पर विचारावेश करना अत्युत्तम है और उन्हें लिख लेना और भी अच्छा। ब्रह्मांड में कल्पनाओं को छोड़ देना न्यायसंगत नहीं। ऐसा करने से हम उनका अस्तित्व नष्ट कर देते हैं। कुछ भी अस्तित्व में आने से पहले विचार ही रहता है। जब हम विचार-जाल से उस विचार को पकड़ लेते हैं, उसके बाद उसके सच होने की प्रक्रिया आरंभ होती है। वह अपनी पहचान बनाने लगता है।

आप किन विचारों के जन्म लेने की प्रतीक्षा कर रहे हैं ? क्या आपके ध्यान-कक्ष में, चाहे आप उसे कार्यालय कहें, ध्यान-कक्ष कहें या घर कहें, कोई फर्क नहीं पड़ता ? उद्देश्य यह है कि अपनी अभिलाषाएँ पहचानें, उन्हें केंद्र में लाएँ और उन्हें सच बनाएँ। स्वयं का उपहार जगत् को दें।

मुझे आशा है कि अनगिनत उपहार आपकी प्रतीक्षा में हैं।

परिस्थितियों का महत्त्व

—डॉ. नेपोलियन हिल

सफलता का निर्माण उन छोटी-छोटी परिस्थितियों से होता है, जो मनुष्य पहचान भी नहीं पाता कि वे उसके लिए कितनी अनमोल हैं। उसी

प्रकार असफलता भी छोटी-छोटी परिस्थितियों के कारण ही मिलती है, जिनके प्रति मनुष्य सतर्क नहीं रहता। एक बड़े उद्योगपति ने एक बार कहा था—मशीन में घर्षण महँगा पड़ सकता है, किंतु रिश्तों में घर्षण (वैमनस्य) जानलेवा हो सकता है।

सम्मिलित कार्य (Team work) का जज्बा केवल समय बचाने और प्रयत्न में ही लाभांश नहीं देता वरन् जीवन की सूक्ष्म बातों को भी सँवार जाता है। यह बड़े आश्चर्य की बात है कि लोग इस सच्चाई को नहीं पहचानते और अपनी तथा दूसरों की जिंदगी और भी बदतर बना देते हैं। एक सहानुभूति का शब्द यहाँ, एक शब्द वहाँ, एक अच्छा कर्म कहीं और एक प्यारी सी मुसकान यहाँ और देखिए, यह मानव जाति कितनी सुख-समृद्धि से रह सकेगी।

यही जज्बा लोगों को 'खुशियों की घाटी' तक ले जाता है और आगे जीवन को समृद्ध बनाने के 12 (बारह) सिद्धांतों तक। सकारात्मक मानसिक दृष्टिकोण, शारीरिक स्वास्थ्य, संबंधों में तारतम्य, भय से मुक्ति, उपलब्धि की आशा, श्रद्धा भाव, जीवन में मिले वरदानों को सबके साथ बाँटना, मन से प्रेम व सेवा-भाव, खुली सोच, हर परिस्थिति में स्वयं को अनुशासित रखना, दूसरों को समझने का प्रयास, पर्याप्त धन। कितना बड़ा शृंखला समूह और फिर भी एक पदबंध से जुड़ा 'सम्मिलित कार्य'। अर्थात् Team work।

□□□

FCW - #0073 - 061026 - C0 - 216/140/11 - PB - 9789352661374 - Matt Lamination